DE
CONDITION
DES ÉTRANGERS

LÉGISLATIONS ANCIENNES — LÉGISLATION ROMAINE
LÉGISLATION FRANÇAISE

PAR

PAUL DE ROYER

DOCTEUR EN DROIT

AVOCAT A LA COUR D'APPEL DE PARIS

PARIS

TYPOGRAPHIE DE E. PLON ET Cⁱᵉ

RUE GARANCIÈRE, 8

1874

Tous droits réservés

Ce volume a été déposé au ministère de l'intérieur (section de la librairie) en mai 1874.

Thèse pour le doctorat soutenue, le mardi 19 mai 1874, devant la Faculté de droit de Paris, sous la présidence de M. Charles Giraud, membre de l'Institut, inspecteur général de l'enseignement supérieur.

DE LA

CONDITION CIVILE

DES ÉTRANGERS

LÉGISLATIONS ANCIENNES — LÉGISLATION ROMAINE

LÉGISLATION FRANÇAISE

PAR

PAUL DE ROYER

DOCTEUR EN DROIT

AVOCAT A LA COUR D'APPEL DE PARIS

———— ⸻◦○◦⸻ ————

PARIS

TYPOGRAPHIE DE E. PLON ET Cie

8, RUE GARANCIÈRE

—

1874

Tous droits réservés.

INTRODUCTION

« Nous ne sommes pas nés pour nous seuls, écrivait
Platon à Archytas de Tarente (1). » L'homme, en effet,
appartient à trois sociétés : la famille, la patrie, l'humanité. De là un triple faisceau de droits, de devoirs.
De là un triple amour ; car, depuis que la morale du
Christ a régénéré le monde et rendu vulgaires des vérités dont quelques rares esprits avaient vaguement
aperçu les lumineux horizons, l'amour n'est plus borné
à la famille et à la cité, il s'étend à l'humanité tout
entière.

Il faut régler et modérer ces différentes passions.
« La religion chrétienne seule y a réussi, disait Turgot (2). Elle seule a mis les droits de l'humanité dans
tout leur jour. On a enfin connu les vrais principes de
l'union des hommes et des sociétés ; on a su allier un
amour de préférence pour la société dont on fait partie
avec l'amour général de l'humanité. » Cet équilibre
parfait est difficile à obtenir. Le patriotisme, qu'on
exagérait autrefois, aujourd'hui on serait plutôt disposé

____

(1) Lettre IX.
(2) Discours sur les avantages que l'établissement du christianisme
a procurés au genre humain, *OEuvres de Turgot*, t. II, p. 591.

à l'affaiblir. On se laisse entraîner par un sentiment
humanitaire excessif, qui voudrait anéantir l'exclusi-
visme salutaire du patriotisme. Ainsi élargi, l'amour
de la patrie perd son véritable caractère ; il tombe rapidement dans l'abîme de l'indifférence, et alors on est
bien tenté de dire avec certains poëtes de l'antiquité :

> La patrie est partout où l'on se trouve bien.
> *Patria tua est ubicumque vixeris bene* (1).

Mot profane, que déjoue ce je ne sais quoi, qui, selon
l'expression de Lacordaire (2), rend l'air natal, si triste
qu'il soit, plus doux qu'aucun autre ; calcul faux et
impie, contre lequel protestent avec toute la force de
la vérité les tristesses de l'exil et les joies du retour sur
ce sol aimé, dont l'hôte involontaire du Pont-Euxin
pleurait la douceur perdue :

> Nescio quâ natale solum dulcedine captos
> Ducit et immemores non sinit esse sui (3).

Là où s'efface le patriotisme, l'amour de l'humanité
touche de bien près à sa ruine. C'est le sommet chan-
celant d'un édifice dont la base est minée. Car l'amour
de l'humanité repose sur l'amour de la patrie, de même
que l'amour de la patrie repose sur l'amour de la famille : dès lors aimer sa patrie, développer ses inclina-

---

(1) Publius Syrus, *Sentences*, v. 662. — Voy. Euripide. Stob.,
Serm. xxxviii. — Aristophane, *Plutus*, v. 1089. — Cicéron, *Tuscu-
lanes*, liv. V, ch. xxxvii. — Ovide, *Fastes*, liv. I, v. 493.
(2) *Lettres à des jeunes gens*, lettre lxxii.
(3) Ovide, *Pontiques*, lettre iii, v. 35-36.

tions patriotiques, c'est en même temps se former, se préparer à l'amour intelligent des autres hommes.

Aujourd'hui nous devons, moins que jamais, oublier que, si tous les hommes, considérés individuellement, se doivent une ardente affection, les peuples, au point de vue politique, ne sont point frères et ne peuvent vivre dans l'indépendance qu'à la condition de s'aimer beaucoup plus qu'ils n'aiment leurs voisins. Une paix constante et universelle n'est pas possible en ce monde, et les âmes honnêtes, mais un peu naïves, qui ont cru naguère que leur ligue pacifique fermerait à jamais les portes du temple de Janus, ont dû se trouver suffisamment désabusées par les récents événements qui ont ensanglanté la France.

Pourtant n'allons pas trop loin. Un peuple, sous le coup de douloureux souvenirs, peut devenir plus réservé et plus prudent à l'égard des étrangers; c'est quelquefois son devoir. Mais la prudence n'exclut pas la raison. Mais l'amour de la patrie, fortifié encore par les jours de deuil et par la mémoire des blessures reçues, ne doit pas dégénérer en une haine aveugle contre tout ce qui est étranger. La civilisation impose aux grandes nations des obligations qu'elles ne sauraient négliger, et aujourd'hui l'étranger doit trouver chez tous les peuples où vit le respect d'autrui, non-seulement sa place au foyer de l'hospitalité, mais encore des droits reconnus par les lois du pays où il vient planter sa tente.

Nous laissons donc aux anciens ce patriotisme étroit,

haineux, auquel on sacrifiait les sentiments les plus sacrés. Nous n'admirons pas l'insensibilité obligatoire et l'impudeur légale des femmes spartiates. Nous n'aimons plus Athènes, quand, dans un accès de farouche jalousie, elle fait couper le pouce aux Éginètes, ses trop heureux rivaux dans l'art de ramer. Nous n'applaudissons pas à la sublime barbarie d'un Brutus immolant ses fils sur l'autel de la patrie. Non, nous n'envions point à la Grèce ou à Rome ces actes d'un sauvage égoïsme, qui dénaturent le bien lui-même et justifient ce mot d'un ancien : *Corruptio optimi pessima.*

En toute chose, il faut de la modération. « Nous pouvons, disait Montaigne, avec son style alerte et imagé, saisir la vertu de façon qu'elle en deviendra vicieuse, si nous l'embrassons d'un désir trop aspre et violent....... L'archer qui oultrepasse le blanc fault, comme celui qui n'y arrive pas (1). »

Ce qui était vertu cesse alors de l'être ; ce qui était beau et louable devient hideux et méprisable ; ce qui devait attirer nos louanges n'excite plus que nos dégoûts. Abandonnez les règles du bon sens ; allez au delà du bien ; si vous n'êtes pas un héros, vous serez un fou ou un monstre :

> Insani sapiens nomen ferat, æquus iniqui,
> Ultra quam satis est, virtutem si petat ipsam (2).

Et avant Horace, l'apôtre des Gentils avait déjà,

---

(1) Montaigne, *Essais*, liv. I, ch. xxix.
(2) Horace, *Épîtres*, liv. I, ép. 6, v. 15-16.

dans sa philosophie profonde, marqué les limites de la sagesse : *Non plus sapere quam oportet sapere, sed sapere ad sobrietatem* (1).

Nous nous proposons de voir si, pendant les diverses périodes législatives qui se sont succédé à travers les siècles, on a su maintenir dans un juste équilibre et dans un harmonieux accord l'amour qu'on doit avoir pour son pays et le respect auquel a droit l'étranger. Comme un voyageur curieux, nous partirons des vallées de la Palestine; nous verrons les bords souvent inondés du Nil; nous ferons une halte dans la Grèce; nous y contemplerons les monuments élevés par Solon et Lycurgue; de là continuant notre course vers l'occident, nous vénérerons les sanctuaires consacrés aux lois par les descendants de Romulus, et nous demanderons aux annales d'un glorieux passé quels furent les rangs assignés aux diverses nations, et quelle place était faite à l'étranger dans cette réunion immense de peuples qu'on a appelée le monde romain. La rigueur des lois primitives s'adoucit sous l'influence du Christianisme. Puis vient la chute de la puissance des Césars, l'invasion barbare, un moment de trouble universel, et sur les ruines de la puissance romaine s'élève un monde nouveau. De la civilisation que Rome avait montrée à l'univers, nous redescendrons presque à l'état des âges héroïques. Nous assisterons à la naissance d'une société qui, grandissant peu à peu, se donnant des cou-

---

(1) *Épitre de saint Paul aux Romains*, ch. xii, v. 3.

tumes, se créant des lois, unissant en un seul faisceau toutes ses forces, constituera un jour la France. Nous verrons comment étaient traités les hommes du dehors pendant la période de formation, comment ils furent traités, quand la France, plus forte, put se montrer plus facile. A travers ces instructives étapes nous arriverons au terme de notre route, au Code civil, et nous nous demanderons quels sont les droits que notre législateur a voulu accorder, quels sont ceux qu'il a dû refuser aux étrangers.

DE LA

CONDITION CIVILE DES ÉTRANGERS

LÉGISLATIONS ANCIENNES, LÉGISLATION ROMAINE,
LÉGISLATION FRANÇAISE.

CHAPITRE PREMIER

Comparaison des lois et des mœurs dans les temps anciens.

Dans l'antiquité, le patriotisme fut intolérant et cruel. On ne connaissait pas d'autre droit des gens que l'intérêt particulier de chaque nation. La force décidait de tout. « Les associations des villes, dit Montesquieu, étaient autrefois plus nécessaires qu'elles ne le sont aujourd'hui. Une cité sans puissance courait de plus grands périls. La conquête lui faisait perdre non-seulement la puissance exécutrice et la législative, comme aujourd'hui, mais encore tout ce qu'il y a de propriété parmi les hommes (1). » On pillait, on incendiait, on massacrait; on se partageait un butin composé d'hommes, de femmes, d'enfants. Les biens, la vie, la liberté, l'honneur des vaincus, tout appartenait au vainqueur, qui faisait un acte de rare vertu et méritait l'admiration étonnée de ses contemporains et de l'histoire, si, comme Scipion, il respectait une captive. La crainte

____

(1) Montesquieu, *Esprit des lois*, liv. IX, ch. I.

d'être vaincus rendait courageux par intérêt ceux que le devoir n'aurait pas entraînés. Aussi a-t-on pu dire que l'esclavage attachait à la patrie, « en ce que, hors de la patrie, jadis on ne trouvait que la condition d'esclave. Quand on avait cessé d'être citoyen d'Ilos, il fallait se résoudre à donner aux enfants de Sparte le spectacle dégradant de l'homme ivre (1). »

Personne ne protestait contre ces abus de la victoire, et le moins païen des philosophes antiques, en demandant aux Grecs d'abandonner ces cruels traitements dans leurs luttes avec des Grecs, trouve juste qu'on continue à les infliger aux Barbares (2). L'humanité de Platon ne dépassait pas les frontières de la Grèce, et, hors de ce petit territoire, le disciple de Socrate s'inclinait devant cet horrible droit d'extermination, dont la fureur s'arrêtait à peine en face des asiles que la religion ouvrait aux malheureux.

Cet amour exclusif de soi et cette haine des autres, qui donnaient aux guerres ce caractère atroce, se manifestaient, sous une forme moins sanguinaire mais non moins hostile, dans les pacifiques travaux du législateur. Les lois étaient dures pour l'étranger. Les moins rigoureuses établissaient entre lui et le citoyen une absolue différence, une humiliante inégalité. Seule la législation de Moïse se montra douce envers l'étranger, en souvenir sans doute des souffrances supportées sur la terre d'Égypte par les Hébreux captifs : *Quia et ipsi peregrini fuistis in terra Ægypti*[3].

---

(1) Ballanche, *Essai sur les institutions sociales*, OEuvres, t. II, p. 357
(2) Platon, *République*, liv. V.
(3) Exode, ch. xxiii, v. 9.

Mais si l'on excepte la législation juive et encore faudrait-il faire quelques réserves, les lois des autres peuples furent toutes animées d'un même esprit d'égoïsme et d'intolérance.

Les mœurs valaient mieux que les lois. Elles avaient des violences dont l'histoire nous a conservé le récit; mais elles avaient aussi leurs prévenances, leurs douceurs, et l'hospitalité antique, avec les raffinements de son infatigable urbanité, est restée justement célèbre.

La religion conspirait avec les mœurs. Même chez les nations où elle était le plus profondément altérée par les passions et par l'orgueil, elle avait toujours conservé et elle laissait entrevoir, sous un voile plus ou moins épais, les vérités essentielles de la tradition primitive (1). Jéhovah ordonne aux Juifs d'aimer les étrangers, et les païens appelaient Jupiter le dieu des étrangers, le dieu *Xénien*, comme disait Ronsard. L'hospitalité avait un caractère religieux. L'étranger, quel qu'il fût, était assuré de trouver partout un sympathique et respectueux accueil ; car, selon la judicieuse observation d'Athénée, c'était l'hospitalité qu'on honorait, et non point tel ou tel homme.

« Abraham, dit Bossuet, mena toujours une vie simple et pastorale, qui toutefois avait sa magnificence, que ce patriarche faisait paraître principalement en exerçant l'hospitalité envers tout le monde (2). » Nestor, le vieux et sage Nestor, ne connaissait pas Télémaque,

---

(1) Lamennais, *Essai sur l'indifférence*, t. I, 2ᵉ partie, ch. III.
(2) Bossuet, *Discours sur l'histoire universelle*, 1ʳᵉ partie, 3ᵉ époque.

quand il le reçut si bien dans la riche Pylos. Alcinoüs
ne savait pas quel était son hôte, lorsqu'il offrit à
Ulysse un vaisseau avec cinquante rameurs. Tacite nous
apprend que, chez les Germains, on regardait comme
un sacrilége de fermer sa maison à l'étranger. Quand
les ressources qu'on avait étaient épuisées, on condui-
sait son hôte chez un voisin qui le recevait avec la
même humanité : *Qui modo hospes fuerat, monstra-
tor hospitii et comes, proximam domum non invitati
adeunt; nec interest; pari humanitate accipiuntur*(1).

Une fois reçu, l'hôte devenait l'objet des plus ai-
mables attentions; sans parler des soins que l'on prenait de lui, quels ménagements dans les questions
qu'on lui adresse! quelle crainte de froisser sa dignité
ou de raviver quelque douloureuse blessure! Homère
nous a conservé plusieurs traits de ces antiques délicatesses, et André Chénier connaissait mieux que l'au-
teur de Lucrèce (2) les douceurs de ces mœurs hospita-
lières, quand il mettait dans la bouche de Lycus des
paroles pleines de discrétion :

> Sieds-toi. Tu vas d'abord rassasier ta faim,
> Puis, si nulle raison ne te force au mystère,
> Tu nous diras ton nom, ta patrie et ton père (3).

Là ne s'arrêtaient pas les devoirs de l'hospitalité : la personne d'un hôte était chose sacrée. Plutôt que de laisser
attenter à ses jours, on aurait tout supporté : fortune,
existence, on aurait tout donné, et si cela n'avait pas suffi,

---

(1) Tacite, *Mœurs des Germains*, ch. xvi.
(2) Ponsard, *Études antiques*, préface, p. 22.
(3) André Chénier, *le Mendiant*.

s'il avait fallu un sacrifice plus grand encore pour sau-
ver l'étranger qu'on avait accueilli sous son toit, on
aurait, comme Lot, livré l'honneur de ses filles. Don
Ruy Gomez de Silva avait des ancêtres chez les anciens.

On conçoit sans peine quelle étroite affection créaient
de tels rapports. La mémoire des bienfaits simplement
offerts et dignement reçus se perpétuait à travers les
générations. Pour rendre ces souvenirs toujours présents, et peut-être aussi pour éviter de fâcheuses erreurs, on avait des signes de reconnaissance qui va-
riaient selon les temps et selon les pays; mais toujours
et partout il suffisait de montrer

> Ces marques d'alliance et d'hospitalité,

pour rallumer la flamme d'une tendre amitié. « Si tu
es vraiment le fils d'Antidamas, dit Hannon à Agorastoclès, voici le gage que j'ai reçu jadis de ton père, à
Carthage. Compare-le avec celui que tu dois avoir chez
toi. » Agorastoclès reconnaît le gage, et aussitôt quelle
joie de part et d'autre! Quelles mutuelles promesses de
dévouement! Le fils d'Antidamas a gagné sa cause; il
épousera la fille d'Hannon (1).

Le souvenir de ces mœurs est resté si bien gravé
dans la mémoire des hommes, qu'aujourd'hui encore,
dire qu'un peuple, une province, une famille ont des
mœurs antiques, c'est vanter cette famille, cette province, cette nation. On a oublié les injustices, les violences, les cruautés; on s'est uniquement rappelé les

---

(1) Plaute, *Pœnulus*, acte V, scènes ii et iv.

vertus, qui avaient un caractère particulier de simpli-
cité : de même souvent, dans un tableau, des beautés
de premier ordre attirent tout d'abord l'attention et
cachent les défauts.

Les lois ne peuvent pas produire le même mirage;
elles n'ont point, comme les mœurs, des milliers d'expressions différentes. Elles n'ont pas des moments de
cruauté et de vengeance, puis des heures de douceur
et de pardon. Elles forment un tout indivisible, inva-
riable. Aussi des mœurs barbares sont-elles moins à re-
douter qu'une loi barbare. Avec les mœurs, c'est-à-dire
avec des individus, il y a des accommodements; on
pourra peut-être vaincre cette férocité, désarmer ces
bras prêts à frapper, amollir ces cœurs remplis de fureur, en appeler aux sentiments d'humanité qui se
trouvent plus ou moins développés chez tous les hommes. Pour se protéger contre des mœurs inhospitalières,
l'étranger rencontrera toujours quelque aimable Nau-
sicaa qui lui enseignera les moyens d'apaiser d'aveugles
colères. La loi, au contraire, on ne peut ni la dompter
ni la fléchir. Elle ne tremble pas devant les menaces,
elle n'entend point les prières. C'est une statue de marbre douée de la parole. Et cette parole est un ordre; et
il faut obéir, ou subir les châtiments réservés à ceux qui
violent les commandements des lois.

Ce sont donc surtout les lois du pays où il va pénétrer que l'étranger doit connaître.

CHAPITRE II

Droit hébraïque. — Humanité de la législation mosaïque.
— Causes de cette humanité.

Qu'on s'occupe d'histoire, de poésie, de science ou
de droit, il faut toujours, si l'on veut remonter à la
source même, ouvrir le livre des origines de l'humanité. Là se déroule la destinée du peuple de Dieu. Sa
législation se formule quand il est sorti d'Égypte, où
il vivait captif et malheureux. On sait quelle aversion
les Égyptiens avaient conçue pour les étrangers. Ils
auraient cru se profaner en mangeant avec un Hébreu,
cet Hébreu fût-il le premier ministre du Pharaon et le
prince de toute l'Égypte. Ils employaient les peuples
conquis à construire de gigantesques travaux, et ils
inscrivaient avec orgueil sur ces magnifiques monuments :

« AUCUN HOMME DU PAYS N'Y A TRAVAILLÉ. »

Le sort des infortunés condamnés à faire ces ouvrages
était digne de pitié, comme l'attestent les gémisse-
ments que les Israélites désespérés lançaient vers le
ciel et dont le lamentable écho est parvenu jusqu'à
nous.

Dieu entendit l'appel de son peuple. Les Hébreux
quittèrent enfin cette terre de douleur, et Moïse leur
donna des lois. On pourrait croire que cette législation,

éclose au sortir de la captivité, était animée d'un esprit de haine et de vengeance. Il n'en fut rien. Elle brilla, au contraire, dans ces âges de brutale violence, par sa justice et sa compassion envers les étrangers.

Sans doute elle ne les investit pas de tous les droits dont jouissait le peuple élu ; sans doute elle marque des différences : l'usure ne s'exerçait qu'à l'égard des étrangers (1), et, tandis que l'Hébreu réduit à se vendre ne pouvait, malgré lui, rester plus de six ans en servitude (2), l'étranger, au contraire, était acquis pour toujours au maître qui l'avait acheté ; mais ce maître, hâtons-nous de l'ajouter, devait le traiter avec une humanité qui rendait l'esclave presque membre de ces familles patriarcales. Sans doute aussi le peuple, choisi pour conserver intact le dépôt de la religion véritable, devait être rigoureusement éloigné des malsaines contagions de l'idolâtrie. Jéhovah ne pouvait pas faire alliance avec Belphégor ou Moloch.

Mais ces réserves une fois faites, quelles admirables règles de charité contient la loi mosaïque! Les épreuves patiemment supportées dans la terre de Gessen sont souvent rappelées aux enfants d'Israël, et toujours pour leur recommander la douceur.

« Vous qui avez été étrangers, vous ne molesterez point l'étranger (3). Vous l'aimerez autant que vous vous aimez vous-mêmes (4). La loi sera la même pour

---

(1) Deutéronome, ch. xv, v. 2-3.
(2) Lévitique, ch. xxv, v. 39. — Deutéronome, ch. xv, v. 12.
(3) Exode, ch. xxiii, v. 9.
(4) Lévitique, ch. xix, v. 34.

lui et pour vous (1). Il sera au milieu de vous comme s'il était né dans votre pays (2). »

Malheur à celui qui n'observe pas ces commandements. Les lévites, en prononçant l'anathème contre les impies et les criminels, n'omettront pas de dire : Maudit soit celui qui viole la justice dans la cause de l'étranger, et tout le peuple répondra : Amen (3).

Les peines étaient les mêmes, quelle que fût la nationalité du meurtrier ou de la victime, et les villes de refuge, créées par Moïse, ouvraient leur asile à l'étranger comme au citoyen (4).

Parfois le législateur a des accents de touchante compassion. Il veut qu'on accorde à l'étranger les mêmes égards et les mêmes faveurs qu'à la veuve, à l'orphelin et au lévite. Il veut qu'on lui laisse les gerbes de blé, les grappes de raisin, les olives oubliées pendant la récolte (5). Il veut qu'il soit appelé aux festins de réjouissance qu'on donnait pour célébrer la fête des Semaines et celle des Tabernacles (6). La Pâque même, fête exclusivement juive, l'étranger pourra s'y associer, s'il se soumet à la circoncision, qui constituait ainsi une sorte de naturalisation (7). Par là on devenait prosélyte de justice, et on se distinguait des simples prosélytes d'habitation ou de la porte, qui jouissaient d'une égale protection, mais ne pouvaient aspirer aux

---

(1) Lévitique, ch. xiv, v. 22. — Nombres, ch. xv, v. 15.
(2) *Ibid.*, ch. xix, v. 34.
(3) Deutéronome, ch. xxvii, v. 10.
(4) Nombres, ch. xxxv, v. 15.
(5) Deutéronome, ch. xxiv, v. 19 et suiv.
(6) *Ibid.*, ch. xvi, v. 10, 11, 13 et 14.
(7) Exode, ch. xii, v. 15 et suiv.

mêmes honneurs (1). Par là on entrait complétement dans l'association hébraïque, et on obtenait presque tous les priviléges réservés aux seuls enfants d'Abraham, d'Isaac et de Jacob.

Cette humanité des lois mosaïques, si différente de la rudesse ou du mépris que les autres législations affectaient pour les hommes du dehors, explique pourquoi tant d'étrangers affluaient en Palestine dès le temps du roi Salomon. Quant aux causes de cette étonnante douceur, on les trouve dans le caractère essentiellement modéré de Moïse : *Erat omnium hominum mitissimus;* on les trouve dans le souvenir utilement conservé des rudesses de l'Égyptien, on les trouve surtout enfin dans le monothéisme du peuple hébreu, dans ce culte pour Jéhovah, le Dieu unique, le Dieu grand, puissant et terrible, qui n'a point d'égard à la qualité des personnes, qu'on ne gagne point par les présents, qui fait justice à l'orphelin et à la veuve, qui aime l'étranger et lui donne de quoi vivre et de quoi se vêtir (2). Descendant des sommets du Sinaï et placées à l'ombre de la montagne de Sion, d'où Dieu recevait les sacrifices des conquérants qui traversaient la Judée et d'où il bénissait tous ceux qui dans l'univers croyaient en lui et le servaient avec droiture, les Tables de la Loi lançaient au loin des lueurs divines, qui étaient comme l'aurore de la loi chrétienne.

---

(1) Eschbach, *Introduction à l'étude du droit*, p. 100.
(2) Deutéronome, ch. x, v. 17 et 18.

CHAPITRE III

Quittons Jérusalem. Laissons le peuple de Dieu à ses mystérieuses destinées, et dirigeons nos pas vers la Grèce. Là, deux villes et deux législateurs se dressent au-dessus des autres : Sparte et Athènes; Lycurgue et Solon.

Guidées par un même principe, l'intérêt étroit de la cité, les deux constitutions arrivèrent à des résultats opposés.

Lycurgue, comme le remarque Montesquieu, fit un même code pour les lois, les mœurs et les manières (1), et il forma son peuple d'une si étrange façon, que Xénophon lui-même, grand admirateur de ces institutions, avoue qu'aucune ville ne veut les imiter.

On dirait un général dans une place qui va subir un siége. Il tourne toutes les forces vers la guerre. Il proscrit le commerce, l'industrie et les arts, comme propres à détourner de ce but unique. Il fixe le nombre des habitants, règle la nourriture, défend aux citoyens de quitter le territoire, éloigne le plus possible les étrangers. Le mariage, le droit de propriété, la capacité

---

(1) Montesquieu, *Esprit des lois*, liv. XIX, ch. xvi.

de disposer ou de recevoir à titre gratuit, tout cela leur
était refusé; les tribunaux étaient fermés pour eux, et,
si leur présence semblait inutile, on les expulsait sans
pitié. On craignait, dit Plutarque (1), qu'ils ne donnas-
sent quelque mauvais exemple aux citoyens.

A cette situation précaire s'ajoutait l'impossibilité
d'obtenir le droit de cité. Cette règle, au temps d'Hérodote, n'avait fléchi qu'une seule fois en faveur du
devin Tisamène et de son frère Hégio. Un oracle avait
prédit que Tisamène serait triomphant dans cinq
grandes batailles. Les Spartiates voulurent, moyennant
une récompense, attirer chez eux cet homme prédes-
tiné. Il demanda le droit de cité. Indignés de cette
orgueilleuse prétention, les Lacédémoniens renoncèrent
d'abord à leur projet. L'approche des Perses put seule
les déterminer ensuite à céder (2).

Lycurgue isola donc sa patrie. « Vos institutions sont
incompatibles avec celles des autres peuples », disaient
les ambassadeurs athéniens dans une assemblée tenue
à Lacédémone (3). Longtemps ces lois furent scrupu-
leusement observées. Mais un jour vint où le faisceau
se rompit. La nature, trop fortement violentée par le
législateur inflexible, reprit le dessus. Xénophon le
constate et le déplore.

« Les Lacédémoniens, dit-il, qui dans les commencements vivaient chez eux, contents d'une heureuse
médiocrité, ont voulu depuis dominer et recevoir de cor-
rupteurs hommages. Jadis ils méprisaient l'or; aujour-

<hr>

(1) Plutarque, *Vie de Lycurgue.*
(2) Hérodote, liv. IX, ch. xxxiii
(3) Thucydide, I. 77.

d'hui ils mettent leur gloire dans leurs richesses. Jadis on chassait les étrangers de Sparte et on défendait aux citoyens de voyager; aujourd'hui on va satisfaire son ambition hors de la patrie. Jadis enfin les Spartiates se rendaient dignes de commander; aujourd'hui ils veulent commander sans se préparer au commandement. Aussi les Grecs, qui demandaient autrefois des chefs à Lacédémone, unissent-ils maintenant tous leurs efforts contre elle.

« Cela devait arriver, ajoute tristement Xénophon, puisque les Lacédémoniens n'ont écouté ni les dieux ni Lycurgue (1). »

Cela devait arriver, dirons-nous à notre tour, parce que la rigueur même des institutions de Sparte s'opposait à leur durée.

Nimium tendendo rumpi funiculus solet (2).

Si donc quelque chose peut nous étonner, c'est bien plutôt l'extrême docilité de cette ville, justement appelée par Horace la patiente Lacédémone, assez patiente en effet pour se plier aux inhumaines prescriptions de l'austère fils d'Eunomus. C'est aussi l'admiration enthousiaste que d'éminents esprits, dans l'antiquité, ont vouée à cette constitution antisociale dont Saint-Just et sa sinistre école auraient voulu doter la France, pendant que Camille Desmoulins vantait les charmes de la démocratie athénienne.

---

(1) Xénophon, *Gouvernement des Lacédémoniens*, ch. xv.
(2) Publius Syrus.

2.

« Ce qui rendrait furieux le gouvernement anglais, écrivait Camille dans son *Vieux Cordelier*, c'est si on disait de la France ce que Dicéarque disait de l'Attique : Nulle part au monde, on ne peut vivre plus agréablement qu'à Athènes, soit qu'on ait de l'argent, soit qu'on n'en ait point. Ceux qui se sont mis à l'aise par le commerce ou leur industrie peuvent s'y procurer tous les agréments imaginables; et quant à ceux qui cherchent à le devenir, il y a tant d'ateliers où ils gagnent de quoi se divertir aux Anthestéries et mettre encore quelque chose de côté, qu'il n'y a pas moyen de se plaindre de sa pauvreté sans se faire à soi-même un reproche de sa paresse. »

A côté de Lacédémone, qui présentait le sombre aspect d'un glorieux tombeau, la spirituelle Athènes semblait être un temple élevé en l'honneur de la joie. Telles encore ont paru à Chateaubriand les ruines de ces deux villes célèbres. « Celles de la première, dit-il, sont tristes, graves, solitaires; celles de la seconde sont riantes, légères, habitées. Je sentis, ajoute-t-il, que j'aurais voulu mourir avec Léonidas et vivre avec Périclès (1). »

Bien avant Périclès, les étrangers partageaient les sentiments qu'éprouvait l'harmonieux chantre des *Martyrs* devant l'antique cité de Cécrops. Aucune loi ne leur interdisait l'entrée de cette ville. Ils y trouvaient les plus grandes facilités pour le commerce; ils y voyaient affluer les denrées de toute la terre; ils y

---

(1) Chateaubriand, *Itinéraire de Paris à Jérusalem*, 1re partie. — *Voyage de la Grèce.*

goûtaient de continuels plaisirs unis à une liberté qui dégénérait souvent en licence; ils y rencontraient l'élite des artistes, des sophistes, des philosophes, des poëtes. Aucune cité en Grèce n'offrait autant de divertissements qu'Athènes. « Il n'y avait rien de plus délicieux à voir, dit Bossuet, que cette ville où les fêtes et les jeux étaient perpétuels, où l'esprit, où la liberté et les passions donnaient tous les jours de nouveaux spectacles (1). » Attirés par toutes ces séductions, les Grecs et les barbares envahissaient pacifiquement Athènes, dont la langue et les mœurs subissaient insensiblement cette influence extérieure (2).

L'intérêt et l'orgueil étaient les véritables causes de cette bienveillance égoïste. Athènes, voulant dominer par le commerce, dut entrer en relations fréquentes et amicales avec les peuples étrangers. Elle dut ouvrir un asile, assurer des droits aux navigateurs qui venaient de loin accroître ses richesses.

Tout servit Athènes dans ce dessein : sa merveilleuse position, les relâches belles et sûres qu'elle offrait aux vaisseaux; son caractère actif, entreprenant, avide de nouveautés.

Et cependant que seraient devenus ces avantages, si un Lycurgue avait imposé ses rudes lois aux habitants de l'Attique? Bien différent du législateur spartiate, Solon emprunta ses idées et ses lois aux mœurs, aux habitudes, aux manières de ses concitoyens. Il réforma ce qu'il jugea mauvais, mais sans lutter contre

---

(1) *Discours sur l'histoire universelle*, partie III, ch. v.
(2) Xénophon, *Gouvernement des Athéniens*, ch. ii.

la nature, sans façonner à son gré les caractères. Il ne mit pas sa gloire à créer un peuple sur un modèle encore inconnu. Il s'efforça, au contraire, selon l'expression du judicieux Plutarque, d'accommoder bien plus les lois aux choses que les choses aux lois (1).

Les étrangers affluaient dans l'Attique et obtenaient très-facilement le droit de bourgeoisie. Solon se contenta de restreindre un peu cette prodigalité. Longtemps les Athéniens se conformèrent, sinon au texte même, du moins à l'esprit de cette loi. D'éminents services étaient nécessaires pour devenir citoyen d'Athènes. La rareté de cette distinction en augmentait singulièrement le prix. Des princes, des rois, des peuples l'ambitionnèrent et demandèrent, quelquefois sans succès, le droit d'entrer dans la cité de Minerve. De sérieuses garanties entouraient l'admission d'un nouveau citoyen et empêchaient toute surprise. Il fallait deux votes ; et, après cette double épreuve, le premier venu pouvait attaquer et faire annuler la décision de l'assemblée.

Une fois reçu, on différait encore du citoyen qui devait son titre à sa naissance. On n'avait pas le droit de tester. On ne pouvait aspirer ni à l'archontat ni au sacerdoce (2).

Malgré ces précautions, malgré la fierté d'Athènes, peu à peu tout se relâcha. Les descendants des héros de Marathon envoyèrent des mercenaires au combat (3), et les fils de ceux qui avaient refusé à Perdiccas de Macédoine et à Ménon de Pharsale ce que méritaient

---

(1) Plutarque, *Vie de Solon.*
(2) Démosthène (*Contra Neœram*).
(3) Démosthène. — Isocrate. — Xénophon.

leurs signalés services, vendirent sans pudeur le droit
de bourgeoisie (1).

Les acheteurs ne manquèrent pas. Isocrate et Démosthène élevèrent contre ces abus leur voix élo-
quente. Ils reprochèrent aux Athéniens dégénérés
de partager l'illustration de leur nom plus facilement
que les Triballes, les Lucaniens, les Cythniens ne con-
sentaient à partager leur obscure nationalité (2).

Ces protestations patriotiques ne purent arrêter le
courant. Le fleuve avait rompu ses digues. La démago-
gie, qui diffère autant de la démocratie que la licence
de la liberté, que la courtisane de la femme honnête,
entraînait Athènes sur la pente d'une rapide décadence.

Le nombre des citoyens augmentait sans cesse. Celui
des étrangers domiciliés ne diminuait pas; et, au temps
de Démétrius, un dénombrement attesta la présence
de dix mille métœques attirés non-seulement par la
perspective d'obtenir aisément le droit de cité, mais
encore par les facilités commerciales, par cette liberté,
par ces séductions qui adoucissaient pour eux une condition où se mêlaient pourtant des douleurs et des
humiliations.

Si rien dans le costume ne distinguait l'étranger du
citoyen (3), si la personne des uns et des autres était
également protégée non pas sans doute contre la rail-
lerie des poëtes comiques, mais contre les brutalités et
les violences; néanmoins, au point de vue des droits

----

(1) Démosthène. — Isocrate.
(2) Démosthène. — Isocrate.
(3) Xénophon, *Gouvernement des Athéniens*, ch. 1.

politiques et civils, un abîme séparait le métœque de l'Athénien.

Le métœque n'avait le droit ni d'être propriétaire foncier, ni de tester. On ne pouvait l'instituer héritier. Sa condition se rapproche beaucoup de celle des affranchis. Il doit, sous des peines très-sévères, se choisir un patron qui réponde de lui et l'assiste dans tous les actes de la vie civile. Le choix de ce patron avait son importance, car, à Athènes, on jugeait d'un étranger par le patron qui le représentait (1).

L'affranchi, qui se montrait ingrat, retombait dans la servitude. Sois esclave, lui disait son maître, puisque tu ne sais pas rester libre. Sois esclave, disait la loi au métœque qui commettait certaines fautes, à celui qui n'avait pas de patron, à celui qui ne payait pas la taxe annuelle imposée aux étrangers en échange de la protection qu'ils recevaient, à celui enfin qui par ruse se glissait parmi les citoyens.

La tentation était bien forte, et souvent on y succombait. L'union entre étrangers et citoyens ne produisait pas les effets d'un véritable et légitime mariage. Les enfants naissaient bâtards et ne pouvaient prétendre à la succession de leurs parents. Cette triste perspective, que, dans la *Comédie des Oiseaux*, Pisthétérus fait habilement entrevoir à Hercule, brise les derniers scrupules et les dernières résistances du fils bâtard de Jupiter et de la Tirynthienne Alcmène (2). Cette même perspective douloureuse poussait plus d'un métœque à la fraude;

---

(1) Isocrate.
(2) Aristophane, *Comédie des oiseaux*.

au risque de devenir esclave, si l'on était découvert, on reniait son origine étrangère, on se haussait au rang des citoyens et on inscrivait ses enfants dans la Phratrie.

Des lois, plus ou moins sévères selon les temps, ordonnaient la révision des listes qui contenaient les noms des citoyens, et on rayait tous ceux qui avaient usurpé un titre auquel ils n'avaient pas droit. Si celui qui se trouvait ainsi frappé dans sa vie civile et politique ne se plaignait pas et reconnaissait son crime par son silence même, il cessait simplement d'être citoyen, mais restait libre. Si, au contraire, il réclamait et qu'il succombât dans cette lutte nouvelle soulevée par lui, il était impitoyablement vendu comme esclave.

Ces révisions tardives, cette censure qui appelait la délation, avaient leurs dangers. La haine et la vengeance apportaient leur contingent de victimes à ces listes de proscription, et plus d'un citoyen véritable, fils de père et mère athéniens, était déclaré suspect, convaincu de bâtardise et mis au nombre des condamnés.

Ce fier patriotisme avait des moments d'apaisement. C'était quand la loi devait frapper quelque tête illustre; ainsi l'on vit Périclès, abreuvé d'amertume et pliant sous les coups du malheur, supplier le peuple de rapporter le décret qu'il avait lui-même proposé au temps de sa puissance et de son bonheur (1). C'était quand le vaisseau de la république, battu par la tempête, menaçait de sombrer; alors on ne se montrait pas aussi ardent à épurer la cité et on donnait le droit de bourgeoisie aux métœques, qui concouraient avec plus d'ar-

---

(1) Plutarque, *Vie de Périclès*.

deur à la défense et au salut de leur nouvelle patrie.
C'était enfin aux heures 'de tourmente politique. Les
agitateurs accordaient tout aux étrangers pour s'assurer
des suffrages. Les ennemis de Phocion, voulant destituer
cet honnête général et condamner à mort ce vertueux
Athénien, laissèrent les métœques se mêler aux citoyens;
et, quand une voix courageuse demanda qu'on fît sortir
de l'assemblée les esclaves et les étrangers, on cria à
l'oligarchie et l'on put faire mourir injustement Phocion.

On avait, pour accomplir cette œuvre impie, auda-
cieusement négligé les lois. Car, selon Montesquieu, qui
s'appuie du reste sur le témoignage unique du rhéteur
Libanius, un étranger, qui pénétrait dans l'assemblée
du peuple, était puni de mort (1).

Exclus de la vie politique et des honneurs, les
métœques subissaient de lourdes charges et de cruels
mépris.

Athènes prélevait sur eux de fortes contributions;
en outre ils devaient, comme les citoyens, verser leur
sang pour défendre ou agrandir un territoire dont ils
ne pouvaient acquérir la moindre parcelle. Dans l'in-
fanterie, où ils servaient, on les reléguait aux fonctions
les moins honorables, et la cavalerie, au temps de Xénophon, ne leur ouvrait pas ses rangs (2). Tout étrangers
qu'ils étaient, ils n'avaient point le droit de prêter leur
argent au patron d'un vaisseau qui n'apportait pas de
blé à Athènes. Il leur était défendu de trafiquer sur
l'Agora. Dans les jours de réjouissance, ils ne pouvaient

---

(1) Montesquieu, *Esprit des lois*, liv. II, ch. II.
(2) Xénophon. *Le Commandant de la cavalerie*, ch. IX. — *Les
Revenus*, ch. II.

pas faire partie des chœurs que dirigeait un Alcibiade ou un Démosthène. S'ils étaient admis à certaines fêtes, c'était pour y jouer un rôle servile, portant les vases remplis d'eau et de miel destinés aux sacrifices, tandis que leurs filles tenaient des ombrelles sur la tête des femmes athéniennes.

La justice elle-même, qui ne doit point faire acception des personnes et devant laquelle toute inégalité cesse, la justice se faisait la complice de ces outrages et ne cachait pas au métœque la différence qui le séparait des citoyens.

Protégés aussi bien que ceux-ci contre les coups, les violences, les blessures, les métœques, comme les affranchis, relevaient d'une juridiction particulière; celle du Polémarque. Ils ne pouvaient agir devant les tribunaux qu'avec l'assistance du patron, sans lequel ils n'étaient rien; et, s'ils voulaient révéler au peuple quelque importante nouvelle, intéressant la république, on soumettait leur dénonciation aux mêmes formalités que la dénonciation des esclaves. Le même fait, qui, commis par un citoyen, entraînait la peine de l'exil, amenait la mort du coupable, si ce coupable était étranger.

Le Polémarque (1), chargé de surveiller, de protéger, de juger les métœques, écoutait leurs réclamations et les plaintes dirigées contre eux, prenait soin de leurs biens, si cela devenait nécessaire, faisait en un mot pour les étrangers ce que l'archonte éponyme, ou plus simplement l'archonte, faisait pour les Athéniens.

La main tutélaire ou vengeresse du Polémarque

---

(1) Voy. G. Perrot, *Essai sur le droit public d'Athènes*, p. 258 et suiv.

s'étendait sur tous ceux qui n'étaient ni citoyens ni esclaves.

Entre ces limites extrêmes d'élévation et d'abaissement se trouvaient placés les affranchis, les métœques ou étrangers domiciliés, les isotèles ou métœques privilégiés qui, délivrés des charges pesant sur leur classe, étaient, sous le rapport des impôts, entièrement assimilés aux citoyens, enfin les étrangers qui venaient en voyageurs dans l'Attique, qui demandaient seulement à Athènes sa protection, ne réclamant d'elle ni droits ni honneurs, et restaient fidèles à leur patrie.

Ces voyageurs étaient de différentes espèces. Les uns, dit Platon (1), sont des oiseaux de passage; ils volent à travers les mers, de contrée en contrée. Ils font le commerce et veulent s'enrichir. Quelquefois, comme ce jeune homme du Pont auquel Isocrate prêta son éloquence, ils étaient attirés non-seulement par la passion de l'argent, mais encore par le désir plus noble de visiter un pays aussi célèbre que l'Attique (2). D'autres cherchaient uniquement le plaisir, les divertissements, les fêtes et les spectacles. Il faut compter aussi les ambassadeurs qui accomplissaient quelque mission et n'avaient pas toujours à se louer de la douceur athénienne. Leur caractère sacré était quelquefois impuissant à les défendre contre d'indignes traitements.

Dans cette foule d'étrangers, qui aimaient Athènes « pour s'y venir promener et y passer leur temps, mais non pour l'épouser, c'est-à-dire pour s'y habituer et

____

(1) Lois, liv. XII.
(2) Isocrate, *Discours trapézitique.*

domicilier (1) », il ne faut pas oublier ceux qui, beaucoup plus rares, ainsi que le remarque l'immortel disciple de Socrate (2), voulaient s'instruire, observer,
connaître les lois, les coutumes, les mœurs et offrir
à leur pays, comme un trophée pacifique, le fruit de
leurs laborieuses et savantes conquêtes. Dans ce but,
Lycurgue et Solon avaient parcouru l'Égypte et l'Asie.
Dans ce but trois des décemvirs, chargés d'établir la
législation romaine, visitèrent la Grèce, si le récit des
historiens est fidèle, et rapportèrent à Rome les lois
d'Athènes.

Avec les décemvirs nous abandonnerons la patrie
des Muses; avec eux nous aborderons aux rivages de
l'Italie et nous remercierons les dieux de cette heureuse
rencontre. Car nous ne pourrions, sous de meilleurs
auspices, pénétrer dans la patrie du droit.

---

(1) Montaigne, liv. III, ch. v.
(2) Lois, liv. XII.

CHAPITRE IV

**Législation romaine. — Conquêtes et politique de Rome. — Droit
de cité. — Condition des pérégrins. — Influence des étrangers sur
les destinées du monde romain.**

Italiam..... Italiam..... Tout a plié devant ce nom.
L'univers vaincu s'est incliné. Les ennemis sont devenus sujets. Les sujets ont rempli le monde.

Rome a triomphé par la force unie à la politique
« la plus prévoyante, la plus ferme et la plus suivie qui
fut jamais (1). » Ouverte à tous d'abord, elle défendit
ensuite l'entrée de la cité comme l'entrée d'un sanc-
tuaire, et le fossé, consacré par le sang de Rémus,
sépara le Romain de ses voisins détestés.

On avait, dans les premiers temps, considéré tout
étranger comme un hôte. On apprit bientôt à ne plus
distinguer l'étranger de l'ennemi. Tout se confondit
dans un même sentiment de haine, que des guerres
continuelles et sauvages ne cessaient d'accroître. Hors
de la cité point de droit : *Adversus hostem æterna
auctoritas esto.*

Le succès des armes romaines et l'agrandissement de
la république diminuèrent le nombre des gens voués
ainsi à l'exécration. En perdant leur indépendance, les
peuples se rapprochaient de leurs vainqueurs.

La différence entre l'étranger et l'ennemi, entre le
pérégrin et le barbare, se fait sentir chaque jour da-

---

(1) Bossuet, *Discours sur l'Histoire universelle*, partie III, ch. vi.

vantage. C'est un fleuve qui se divise en deux bras :
l'un, portant les barques des étrangers pacifiques ou
conquis, pénétrera dans les terres romaines; il grossira
toujours; il arrosera Rome elle-même. L'Oronte syrien
mêlera ses ondes à celles du Tibre (1). Ce flot minera
sourdement le colosse, dont l'antique marbre, poli par
ces eaux nouvelles, s'usera peu à peu et s'affaissera
sous le poids qui l'écrase. Et cependant l'autre bras du
fleuve, chargé des canots barbares, se rétrécit, s'éloigne, jusqu'au moment où, rencontrant un courant plus
fort et puisant une vigueur invincible dans ce secours
inattendu, il brisera les digues tardives et les remparts
impuissants qu'on lui opposera, submergera le monde
romain et régénérera l'Occident un instant enseveli sous
des ruines.

Avant d'assister à la décadence et à la chute, voyons
les commencements, les développements, la gloire de
cette ville qui devait dominer toutes les autres, comme
un chêne majestueux s'élevant au milieu de frêles
arbrisseaux :

> ..... Tantum alias inter caput extulit urbes,
> Quantum lenta solent inter viburna cupressi (2).

Rome fit d'abord partie de la confédération latine
dont Albe avait la direction. La destruction d'Albe mit
ce commandement aux mains de Rome. *Crescit Roma
Albæ ruinis* (3).

---

(1) Juvénal, satire iii, v. 62.
(2) Virgile, *Bucoliques*, I.
(3) Tite-Live. — Voy. Machiavel, *Discours sur Tite-Live*, liv. II,
ch. iii.

Les étrangers qui abandonnaient leur patrie pour s'établir à Rome étaient reçus à titre d'hôtes, de clients. Les rois trouvaient là une force, une armée contre les séditions du dedans et les guerres du dehors. Du reste, le plus souvent, ces clients jouissaient malgré eux de l'hospitalité romaine. Il y avait eu incorporation matérielle ou tout au moins morale. Vaincus et assujettis, ils travaillaient à vaincre et à assujettir d'autres peuples au profit de Rome. En échange ils recevaient une part de butin et pouvaient demeurer dans la ville.

L'incorporation se changea plus tard en association. Rome s'adjoignait des villes, des peuples. Elle daignait leur accorder quelques droits et réclamait leur fidélité, leur sang. Traitant avec les cités qui se prêtaient à cette alliance, réduisant par la force celles qui résistaient, comptant sur l'aide des unes, sur la faiblesse et la crainte des autres, et ainsi, continuant sans relâche cette politique au service de laquelle la fortune semblait s'être enrôlée, elle soumit l'Italie tout entière (354 av. J.-C.).

• Mais, si toute l'Italie fut vaincue, si aucun Italiote ne fut plus, vis-à-vis de Rome, étranger, dans le sens que nous attachons à ce mot, tous ne devinrent pas citoyens romains. Le peuple-roi ne prodiguait point ainsi ses faveurs. La parcimonie avec laquelle on donnait ce titre, jointe aux avantages et aux immunités qu'il conférait, excitait l'ambition des alliés et abaissait tout devant Rome qui abusa de son pouvoir.

Elle fit trop rudement sentir son joug et trop longtemps attendre le droit de bourgeoisie aux Italiotes qui demandaient à devenir citoyens d'une ville qui leur devait sa force et sa gloire. Ils demandèrent vainement, et trois fois d'illustres Romains, qui osèrent soutenir la cause de l'Italie, payèrent de leur vie cette audace. La patience des alliés eut un terme. Ce titre, que n'avaient pu mériter le dévouement et les sacrifices, ils l'obtinrent en un jour de colère. La révolte éclata partout. Rome fut réduite à armer des affranchis. Les divisions de ses ennemis, les concessions qu'elle fit la sauvèrent. Mais il dépendit désormais des villes italiennes d'entrer dans la cité romaine (loi Julia) (1).

Cependant les Romains étendaient déjà leur empire hors de la péninsule. « Leurs coutumes, dit Montesquieu, n'étaient point quelques faits particuliers arrivés par hasard : c'étaient des principes toujours constants, et cela se peut voir aisément; car les maximes dont ils firent usage contre les plus grandes puissances furent précisément celles qu'ils avaient employées dans les commencements contre les petites villes qui étaient autour d'eux (2). » Pour réduire les provinces, ils suivirent la politique qui avait assuré la conquête de l'Italie.

Envoyer des colonies dans les pays dont la fidélité leur inspirait des doutes; vendre comme esclaves ou gratifier d'une ombre de liberté, sur laquelle ne devait jamais luire l'éclat de la cité romaine, les peuples contraints de s'abandonner eux et leurs biens à la merci du vainqueur; respecter ou laisser s'établir chez les villes amies une constitution municipale indépendante; puis saisir une occasion favorable pour substituer le

---

(1) M. Ch. Giraud, *Recherches sur le droit de propriété*, p. 300.
(2) *Grandeur et décadence des Romains*, ch. vi.

gouvernement d'un préfet romain à l'administration des magistrats élus; soumettre le reste de la province à de lourdes charges, augmentées par les exactions de proconsuls omnipotents, des Verrès, des Varus, qui s'abattaient comme des oiseaux de proie sur les riches pays confiés à leur cupidité; se ménager des alliés quand on ne pouvait avoir de sujets; savoir, dans les conventions, tout régler selon les temps, les lieux, les services rendus; ici imposer des conditions rigoureuses, exiger une portion de territoire, des troupes, des tributs, de l'argent, du blé, du cuir; décharger, au contraire, certaines villes fidèles de contributions onéreuses, accroître ainsi chez elles le dévouement, développer chez les autres le désir de se racheter par une semblable conduite; là abaisser seulement d'honorables vaincus devant la majesté du peuple romain, sans réclamer d'eux autre chose que des secours, en cas de guerre, et une respectueuse déférence; quelquefois même reconnaître, proclamer la liberté de peuples valeureux, dont l'hostilité aurait été dangereuse; accorder aux Insubriens, aux Helvètes et à quelques autres barbares défiants (1) qu'aucun des leurs ne sera fait citoyen romain, ou bien former de simples liens d'amitié avec ceux qu'un traité pourrait effaroucher ou rendre suspects à des voisins puissants;

En même temps, créer des différences profondes entre le citoyen romain et celui qui n'a pas ce glorieux titre, plus tard entre la terre italique et la terre moins bien traitée des provinces, et donner à certaines

____

(1) Cicéron, *Pro Balbo*.

villes les priviléges que les cités italiennes doivent au
sol sur lequel elles sont fondées, c'est-à-dire l'exemption de l'impôt direct et tous les avantages de la propriété quiritaire; multiplier les récompenses; répandre
avec art et par degrés les faveurs; abandonner à ceux-ci
quelques droits isolés, assimiler presque complétement
ceux-là aux anciens Latins, se montrer avare du droit
de bourgeoisie romaine, exciter l'ambition des peuples
par la vue des priviléges et de la protection qu'il assure,
par la difficulté avec laquelle on l'obtient;

Se faire ainsi des sujets, des alliés, des amis, des concitoyens, contenir les uns par les autres, et tous, par les
armes de ces légions, rarement vaincues, auxquelles une
impitoyable discipline rendait redoutable la défaite, ou
par le prestige du nom romain, qui pénétrait là où les
légions ne pouvaient pas planter leurs étendards.

Telle fut la politique savante qui conduisit Rome au
plus large développement de sa puissance et fit tomber
les rois et les nations dans ses mains triomphantes.
Elle devint ainsi, selon l'expression de Montesquieu (1),
« la tête du corps formé par tous les peuples du
monde. »

On se disputait les places et les rangs dans cet immense empire. Du reste, le succès rendit Rome plus
facile. Le droit de cité, d'abord réservé, avec un soin
scrupuleux, aux plus fidèles alliés, fut bientôt une
monnaie dont les descendants de Romulus se servirent
pour acheter ou récompenser des dévouements inté-
ressés. Si certaines villes d'Italie avaient paru préférer

______

(1) *Grandeur et décadence*, ch. vi.

leur condition indépendante aux priviléges de la cité romaine, si quelques peuplades avaient fait mettre dans les traités une clause que, dans leur naïve simpli-cité, elles croyaient efficace contre les ruses romaines(1), il faut avouer que de tels exemples devenaient de plus en plus rares et que les nations vaincues ou à vaincre se laissaient facilement séduire par ce droit de bour-geoisie qui brillait plus que l'or à leurs yeux émer-veillés. Aussi César dut-il être assez étonné le jour où, offrant cette distinction à un Crétois, comme prix de sa trahison, le bandit lui répondit en riant : « Donne à d'autres ces vanités; nous, nous ne travaillons que pour de l'argent. » C'était la première fois qu'un Crétois ne mentait pas. Le consul lui offrit mille drachmes, éva-luant sans doute à cette somme le titre de citoyen ro-main, qu'il fut un des premiers à prodiguer.

Il l'accorda à des professions, à des légions, à des provinces. Pour payer ses victoires, il inonda la répu-blique mourante de nouveaux citoyens. Il ouvrit la curie elle-même aux étrangers. C'était passer une se-conde fois le Rubicon. La vieille Rome, alarmée, se vengea par des chansons et par des plaisanteries (2). Mais sous ce voile d'indifférence moqueuse se cachait déjà le poignard des conjurés. Le mépris que le dicta-teur avait affecté pour le sénat facilita, sans l'absou-dre, le crime de l'ingrat Brutus.

César mort, Antoine, se prétendant l'interprète des volontés de celui qui ne pouvait plus démasquer ses

---

(1) On dit : la foi punique. On pourrait aussi bien dire : la foi romaine. Voy. Montesquieu, *Esprit des lois*, liv. XXI, ch. xi.

(2) Suétone.

mensonges, vendit à toute la Sicile, déjà dotée par César
de la latinité, le droit de bourgeoisie romaine. Cicéron
lui-même, malgré l'affection qu'il avait vouée aux Sici-
liens, ses clients, ne put retenir un cri d'indignation.

Ces largesses avaient leur danger. Non-seulement
elles dépréciaient et avilissaient le nom romain, mais
encore elles appauvrissaient le trésor public et affai-
blissaient la nation, plus nombreuse sans doute, mais
moins unie et par conséquent moins forte. « L'amour
de la patrie, dit Bossuet, par lequel Rome s'était élevée
au-dessus de tous les peuples du monde, n'était pas
naturel à ces citoyens venus du dehors, et les autres se
gâtaient par le mélange (1). »

Auguste mit un terme à ces profusions. Il fut éco-
nome du droit de cité (2); il rehaussa cette faveur en
la rendant plus rare, et voulut que, pour l'obtenir, on
la méritât.

Les successeurs d'Auguste ne montrèrent pas la
même sagesse. Le droit de bourgeoisie redevint une
marchandise. On en trafiquait dans le palais des Césars.
On poussa plus loin la faiblesse. Jusque-là, les habitants
des provinces recevaient le titre de citoyens sans le
jus honorum, et ne pouvaient pas devenir sénateurs romains. Les Gaulois, les premiers, réclamèrent contre
cette sévérité. Peut-être se souvenaient-ils de ce que
César avait fait pour quelques-uns des leurs, et de là

---

(1) *Discours sur l'histoire universelle,* partie III, ch. vii.
(2) On a raconté que Mécène aurait voulu qu'Auguste accordât
le droit de cité à tous les sujets de l'empire. Voyez ce que dit à ce
sujet M. Gustave Merlet, dans sa très-intéressante étude sur Mécène.
Portraits d'hier et d'aujourd'hui, Un ministre sans portefeuille, p. 31.

naissait leur hardiesse. Ou plutôt ils voyaient Rome moins puissante et comptaient sur la faiblesse des indignes successeurs d'Auguste. Ils ne furent pas trompés dans leur espoir.

L'orgueil romain fut un moment révolté par cette audacieuse demande, et des voix indignées protestèrent, trouvant qu'on avait déjà trop fait en ouvrant les portes de la curie aux Vénètes et aux Insubriens. Claude alla lui-même au Sénat, et, dans un long discours, énuméra les raisons qui militaient en faveur des Gaulois. La cause, ainsi plaidée, était gagnée d'avance, et les Éduens obtinrent le droit de siéger dans la curie.

A cette époque on comptait 6,944,000 familles de citoyens romains. L'esprit exclusif de l'ancienne Rome avait péri (1).

Cet étroit patriotisme des premiers jours, qui avaient été, il faut bien le dire, les jours de gloire, avait cédé d'abord devant la nécessité où Rome s'était trouvée d'augmenter ses forces, plus tard devant les caprices des Césars, la corruption des mœurs, la vénalité qui envahissait tout, enfin devant la dépopulation des villes et des campagnes, l'abandon de la culture, la pénurie du trésor.

Pour rendre la vie aux champs, la population aux villes, on offrait le droit de cité; mais les champs restaient déserts, les villes ne se repeuplaient pas. Plutarque dit que la Grèce, de son temps, pourrait à peine fournir 3,000 hommes d'armes, et il constate avec dou-

____

(1) M. de Champagny, *Les Césars*, t. II, p. 64.

leur qu'à la bataille de Platée la seule ville de Mégare avait mis sur pied ce même nombre de guerriers (1).

Les finances souffraient (2); les recettes ne suffisaient plus à couvrir les dépenses. Caracalla, pour enrichir le trésor, gratifia du droit de cité tous les sujets de l'empire, et les soumit ainsi à certaines lois et à certains impôts qui jusque-là pesaient seulement sur les citoyens romains (3). Justinien acheva d'abolir les dernières distinctions qui divisaient les personnes.

Nous venons de voir avec quelles difficultés d'abord, avec quelles facilités ensuite, les étrangers entraient dans la cité romaine. Voyons maintenant comment étaient traités les étrangers qui restaient pérégrins.

On doit séparer le barbare de l'étranger. Le barbare, c'est l'homme qui ne se rattache à Rome par aucun lien. L'étranger, le pérégrin, c'est celui qui, n'étant pas citoyen romain, a des relations avec Rome, quelle que soit la nature de ces rapports, amitié, alliance, soumission. Dans la classe des pérégrins sont donc compris les sujets comme les peuples alliés.

Tout ce qui est en dehors du monde romain est barbare.

Tout ce qui fait partie du monde romain est ou citoyen, ou latin, ou pérégrin.

---

(1) Plutarque, *De defectu oraculorum*, ch. VIII.

(2) M. Bouchard, *Étude sur l'administration des finances de l'empire romain*, p. 370, 505 et 500.

(3) On admet généralement aujourd'hui que la constitution de Caracalla ne supprimait ni la classe des Latins Juniens, ni celle des *déditices*, et qu'elle ne donnait pas le droit italique à tous les territoires provinciaux. On admet aussi qu'elle ne s'appliquait qu'aux populations dont se composait l'empire, au moment où elle fut faite.

Le droit italique ne s'applique point à l'état des personnes; c'est une condition favorable des cités et des terres.

Prenons le barbare à son entrée dans le monde romain. Le voilà devenu pérégrin. Sa condition peut varier à l'infini, puisqu'elle dépend de la volonté du vainqueur. Ce vainqueur sait user de la victoire ; il triomphe, non pas seulement par la force de ses armes, mais encore et surtout par sa politique et par ses lois. Il saura traiter les vaincus selon la manière dont ils se sont conduits. Ceux-ci, il les écrase; ceux-là, il se contente de leur défendre toute relation avec telle ou telle ville voisine; en déliant le faisceau, on lui ôte sa résistance. C'est l'histoire de la fable de La Fontaine. Chez d'autres enfin, il respecte les lois, les coutumes, les traditions sanctionnees par le temps (1), et le vaincu peut croire que rien n'est changé dans sa vie, souvent même qu'il a perdu un maître et trouvé l'indépendance. Les proconsuls se chargeront de dissiper cette erreur.

Mais, au point de vue du droit civil, et en laissant de côté les exceptions, la règle générale est que les vaincus conservent entre eux leurs lois. Les incapacités ne se manifestent que dans les rapports du pérégrin avec le Romain. Alors seulement, il est vrai de dire que les pérégrins ne peuvent ni contracter un mariage légitime, ni faire un testament, ni succéder *ab intestat*. Alors seulement, il est exact d'affirmer que la puissance maritale, que la puissance paternelle, qu'une certaine

---

(1) M. Chambellan, *Études sur l'histoire du droit français*, étude 3ᵉ, ch. II, § 117 et suiv.

propriété n'appartiennent pas aux pérégrins. Cette infériorité n'existe que là où le pérégrin est en face du Romain, que là où le droit étranger se heurte au droit civil du vainqueur.

On réglait, d'après ce qu'on regardait comme l'équité, les rapports des pérégrins et des citoyens romains; il se forma ainsi une sorte de droit qu'on nomma le droit des gens ou le droit naturel. La connaissance des lois étrangères servit à le perfectionner.

Considérons les pérégrins d'abord dans leurs relations avec les Romains, ensuite dans leurs relations avec les pérégrins.

Tout le monde connaît la distinction que faisaient les Romains entre le domaine quiritaire et ce qu'on appelle, sans se soucier beaucoup du sens des mots, la propriété bonitaire; entre les modes civils d'acquérir la propriété et les modes du droit des gens; entre les choses *mancipi* et les choses *nec mancipi*.

Ces subtilités, sur l'origine desquelles on est réduit aux conjectures, semblent remonter à un temps ancien, alors que, la tribu romaine ayant triomphé des peuplades voisines, il s'établit des différences entre la race conquérante et la race vaincue, l'une privilégiée, l'autre humiliée.

Le droit civil, les formalités du droit civil, la propriété quiritaire, toutes ces garanties devinrent le partage de seuls vainqueurs; les nouveaux venus n'eurent qu'une situation inférieure. Placés en dehors de la cité, ils restaient en dehors du droit civil, ne pouvaient accomplir les cérémonies que ce droit exigeait, et se trouvaient incapables d'acquérir la propriété parfaite des choses *mancipi*, c'est-à-dire des choses qui, à ces époques crépusculaires du droit, comme dirait M. Ballanche, semblaient plus précieuses. Les vaincus, incorporés dans la ville de Romulus, et les étrangers qui venaient s'y établir ne pouvaient aspirer qu'à la possession ou plutôt à la détention précaire de ces biens, et le Romain, seul propriétaire en vertu du droit des quirites, pouvait exercer contre eux une éternelle revendication.

On excepta de ces incapacités l'acquisition des esclaves. La tradition fut jugée suffisante pour faire passer d'un citoyen romain à un pérégrin, et réciproquement, la propriété des esclaves, avec toute son inviolabilité, comme s'il s'agissait d'une chose *nec mancipi* (1).

Suivons la propriété jusqu'aux derniers adieux que l'homme lui peut adresser. Le pérégrin n'a le droit ni de rien recevoir d'un citoyen romain, ni de lui rien laisser, parce qu'aucun lien, aucune parenté civile n'existent entre l'un et l'autre, parce que le pérégrin ne peut pas faire partie d'une famille romaine. Un moment les fidéicommis trouvèrent grâce devant cette rigueur. Mais Hadrien détruisit l'innovation d'Auguste et rétablit l'uniformité de la législation que, seuls

______

(1) *Fragmenta Vaticana*, § 47. — « Ce texte paraît prouver, dit le savant et regretté M. Pellat, que dans les rapports d'un citoyen romain avec un *peregrinus*, un esclave n'était pas *res mancipi* et que la propriété pouvait en être transférée par la tradition, ou, si l'on veut, que la propriété d'un esclave, quoique *res mancipi*, pouvait être transférée par un citoyen romain à un *peregrinus* au moyen de la tradition. » Pellat, *Exposé des principes généraux du droit romain sur la propriété*, p. 52, not. 1. — Voy. Bonjean, *Traité des actions*, t. II, p. 90, not. 1.

désormais, les testaments militaires troublèrent encore.
Quelquefois, cependant, il était permis au citoyen romain, dans la clientèle duquel un étranger s'était placé,
de réclamer les biens de ce pérégrin mort *intestat*.
Cicéron raconte un fait de ce genre. Mais, à en croire le
grand orateur, on usait rarement de ce droit obscur,
qu'il appelle *jus applicationis* (1).

La même sévérité frappait l'étranger en matière de
conventions. De tous les contrats, le plus sacré c'est le
mariage; car l'objet de la négociation, c'est le bonheur
de deux êtres humains.

Le droit romain ne sanctionnait comme légitime que
le mariage contracté par deux individus ayant la capacité de s'unir l'un à l'autre d'après les lois romaines.
Cette capacité n'existait pas, sauf dans le cas de concessions spéciales, entre Romains et pérégrins. Là où le
connubium faisait défaut, il y avait un fait qui pouvait
n'avoir rien de déshonorant (2), mais qui ne donnait
pas les résultats du mariage légitime protégé par le droit
civil, et qui se trouvait soumis aux règles du droit des
gens. L'enfant suivait donc la condition de sa mère et,
si la mère était citoyenne romaine, naissait citoyen romain. Il en fut ainsi jusqu'au moment où une loi (3),
sur le nom et sur la date de laquelle on discute, décida
que l'enfant qui ne naissait pas d'un légitime mariage
serait condamné à recevoir soit la condition de sa mère,
soit celle de son père, mais toujours la moins favorable.
Cette loi, qui encourageait la clandestinité, était con-

---

(1) Cicéron, *De oratore*, liv. 1er, ch. xxxix.
(2) Pothier, éd. Bugnet, t. VI, p. 5.
(3) Ulpien, *Regulæ*, tit. V, 88. Ulpien appelle cette loi : *Loi Mensia*.

traire à la morale, capable d'exciter de malsaines ten-
tations et outrageante pour les nations étrangères.

Atteinte dans la personne de l'enfant, cette union ne
conférait au père citoyen romain aucun des avantages,
aucune des prérogatives, que le droit civil reconnaissait
à l'autorité paternelle.

Si du mariage nous descendons aux transactions
quotidiennes, il faut diviser les obligations en obligations civiles et obligations naturelles; les unes ne concernant que les Romains, les obligations naturelles, au
contraire, étant communes aux Romains et aux pérégrins. Cette distinction s'appliquait aux obligations nées
d'un délit, comme aux obligations nées d'un contrat.
Quelquefois la même obligation pouvait, selon le mode
employé, être considérée comme civile ou comme naturelle. La stipulation, qui, selon l'expression de M. Machelard (1), était la *cheville ouvrière* des obligations
contractuelles, et qui, à cause de son importance et des
rapports de jour en jour plus nombreux des Romains
avec les étrangers, fut rendue accessible aux pérégrins,
resta cependant toujours exclusivement propre aux
citoyens romains, quant à la formule : *Spondes? spondeo.* Gaïus le dit en termes formels : « Hæc quidem
verborum obligatio. *Dari spondes? Spondeo,* propria
civium Romanorum est : ceteræ vero juris gentium
sunt; itaque inter omnes homines sive Romanos, sive
peregrinos valent (2). »

On a discuté pour savoir si les obligations *ex delicto*

---

(1) M. Machelard, *Des obligations naturelles en droit romain*, p. 6.
(2) Gaïus, Com. iii, § 93.

étaient susceptibles de la même division. Nous croyons, avec M. de Savigny, que ces obligations, en tant qu'elles n'ont pas pour but la simple réparation du dommage, sont des obligations civiles (1).

Comme les obligations, les actions pouvaient aussi se diviser en actions civiles et actions naturelles. Du reste, l'action civile était donnée à un pérégrin ou contre un pérégrin au moyen d'une fiction. Gaïus cite, à titre d'exemples, l'action de vol et l'action de la loi Aquilia (2). On revêtait un moment l'étranger d'une apparence romaine; on se le figurait couvert de la toge, et ce déguisement lui permettait d'être traité comme un citoyen romain.

Si, vis-à-vis des Romains, le pérégrin se trouvait dans une condition souvent défavorable, il n'en était plus de même quant aux rapports des étrangers entre eux.

Nous avons déjà dit que dans les provinces, ordinairement, on respectait le droit civil des pérégrins. Cicéron, Gaïus et Ulpien nous l'attestent. « L'infériorité était toute politique », dit M. Giraud (3).

A Rome, où affluait de tous les pays un nombre considérable d'étrangers, un magistrat spécial fut chargé de régler les relations et de terminer les conflits qui pouvaient naître soit entre ces gens d'origine si diverse, soit entre les étrangers et les Romains. Ce magistrat devait juger selon l'équité et le droit des gens. Les con-

---

(1) M. Machelard, *Des obligations naturelles en droit romain*, p. 8.
(2) Gaïus, Com. iv, § 37. — Voyez Bonjean, *Traité des actions*, t. II, p. 32-408.
(3) M. Ch. Giraud, *Les tables de Salpensa et de Malaga*, p. 110, not. 1.

quêtes ne furent pas sans utilité pour ce droit, et la condition des pérégrins en ressentit un salutaire effet. Je crois même que cette influence profita au droit civil, et que plusieurs améliorations importantes eurent leur source dans la jurisprudence libérale du préteur pérégrin (1). Ajoutant de nouveaux territoires à l'Italie, les légions étendaient l'horizon des jurisconsultes. « Déjà apparaissaient au-dessus des règles étroites du droit strict les idées plus larges et plus élevées de la justice et de l'équité, et de ces idées se dégageait la loi naturelle dans toute sa splendeur et dans toute sa pureté. »

Quel fut ce droit découlant de la loi naturelle et des rapports chaque jour plus fréquents de Rome avec les nations étrangères?

S'il s'agissait de pérégrins originaires de villes différentes ou d'étrangers dont la législation était encore inconnue des Romains, le préteur prenait conseil de sa conscience, dans les premiers temps, et, plus tard, des traditions suivies par ses prédécesseurs et des règles à peu près universellement reçues chez les peuples dont les lois étaient parvenues à Rome. Quand, au contraire, le préteur connaissait, d'une façon certaine, les coutumes d'une cité, il respectait ces coutumes à l'égard des habitants de cette cité.

C'est ainsi que le pérégrin avait le droit de tester

---

(1) « Le *jus gentium* des Romains, ensemble des règles communément observées parmi les nations connues des Romains, fut introduit de bonne heure, non-seulement comme droit des *Peregrini*, mais aussi comme complément nécessaire dans le *jus civile*. » *Commentaire sur les éléments du droit international de Wheaton*, par Beach Lawrence, t. III, p. 2.

selon les lois de son pays (1). Sa succession, s'il ne faisait pas de testament, était déférée selon les règles relatives aux successions *ab intestat* dans sa patrie ou selon les liens du sang (2). A défaut de lois connues ou de proches parents, le fisc recueillait les biens du pérégrin décédé *intestat*, sauf dans le cas où le *jus applicationis* substituait au fisc un citoyen romain.

On voit qu'on ne peut pas trouver là l'origine du droit d'aubaine, tel qu'on le pratiqua chez nous (3). On voit en outre que les confiscations durent se restreindre à mesure que les relations avec les pays voisins se multiplièrent et que la connaissance des lois étrangères et l'adoption par les pérégrins des lois romaines devinrent plus complètes (4). On comprend alors comment, sous le règne de Caracalla, il parut avantageux d'élever tous les sujets à la dignité de citoyens romains et ainsi d'exiger d'eux une part de leurs successions, mesure fiscale qui n'aurait pas atteint le but, si elle avait dû retirer au trésor la faculté de confisquer les biens de tous les étrangers dans les provinces ou à Rome. De plus, l'existence d'un droit d'aubaine, s'étendant sur des régions aussi vastes, aurait amené des protestations et des cris de douleur, dont l'écho serait parvenu jusqu'à nous. S'il exista un droit d'aubaine, ce fut à l'égard des barbares. Il est probable que leurs biens passaient au fisc quand ils mouraient chez les Ro-

---

(1) Ulpien, Reg. (tit. xx, § 14).
(2) Cicéron, 2ᵉ action contre Verrès, liv. II, ch. xxii et xxvii.
(3) Rossi, *Encyclopédie du droit*, v° Aubaine.
(4) « Le *jus civile* et le *jus gentium* se rapprochèrent et se fondirent presque l'un dans l'autre. » *Commentaire sur les éléments de droit international de Wheaton*, par Beach Lawrence, t. III, p. 185.

mains. Le barbare était traité tout autrement que le
pérégrin, et nous savons que l'union entre Romains et
barbares était pu~~e des peines les plus rigoureuses.

Au contraire, le pérégrin pouvait s'unir avec une
Romaine. Cette alliance ne produisait pas sans doute les
effets civils du mariage, mais elle n'était point punie
par les lois.

Entre pérégrins, le mariage constituait un fait légitime, si on ne le considère pas au point de vue du droit
civil romain, mais n'assurait ni aux parents ni aux enfants aucune des garanties, aucun des avantages que
le droit des Quirites donnait au Romain marié à une
Romaine et aux enfants issus de cette union.

Il est cependant permis de croire que le mariage, la
puissance paternelle, la puissance maritale, que toutes
ces institutions, reconnues par le préteur pérégrin dans
ce qu'elles ont de général et d'universel, trouvaient à
l'ombre de son tribunal une efficace protection (1).

Il en était de même de la propriété, des modes d'acquérir la propriété, des contrats.

Il y avait là, non pas des droits, si l'on veut réserver
cette expression, ce caractère sacré aux institutions
romaines, mais des faits que le préteur constatait,
maintenait, sanctionnait. L'équité et le bon sens le lui
conseillaient. L'incapacité du pérégrin, naissant uniquement de ce que le droit civil romain ne pouvait
s'appliquer qu'à des citoyens romains ou à ceux des
pérégrins auxquels on accordait cette faveur, là où le

---

(1) Ulpien, Fragm. x, § 3. — Voy. M. Ch. Giraud, *Les tables de
Salpensa et de Malaga*, 2ᵉ lettre, p. 34 et 35.

pérégrin ne se trouvait plus en face du Romain, là où son droit ne heurtait plus le droit quiritaire, il devait retrouver toute sa capacité.

En excluant les pérégrins de tous les avantages conférés par le droit civil romain, les Romains ne nuisaient pas seulement aux étrangers, ils se nuisaient à eux-mêmes. Aussi firent-ils des concessions, accordèrent-ils à certains pérégrins une condition meilleure, une participation plus ou moins grande dans cette vie civile romaine qui, de droit commun, leur était impitoyablement refusée et qui brillait de loin à leurs yeux éblouis.

Le *commercium*, le *connubium*, le droit de cité, tous ces biens, rarement octroyés, excitaient les ardentes convoitises des pérégrins. Rome leur accordait quelquefois d'un seul coup la cité avec ou sans suffrage, plus souvent une partie seulement de ces droits tant enviés (1). C'est ainsi qu'on conférait à des peuples, à des colonies, à des individus, sous le nom de *Jus Latii*, une condition intermédiaire entre la situation ordinaire des pérégrins et les glorieux priviléges du citoyen romain.

Voyons ce qu'était le *Jus Latii*.

Les anciens habitants du Latium furent tantôt les alliés, tantôt les ennemis de Rome. A ces époques reculées dont l'obscurité effrayait Tite-Live, les Latins devaient jouir des mêmes droits civils que les habitants de cette ville nouvelle, fondée par un pâtre hardi du

---

(1) Quelquefois même le *commercium* n'était donné que pour une affaire déterminée et ne s'appliquait qu'à certaines choses. — Voyez Tite-Live, xliii, ch. v, — M. Chambellan, Étud. 4, ch. ii, § 187.

Palatin (1), policée par un Sabin, fortifiée et embellie par un Grec, définitivement organisée par un chef étrusque. Ils fournissaient la moitié de l'armée et se considéraient comme faisant avec les Romains partie d'un même État. Les mariages et toutes les relations commerciales entre le Latium et la tribu romaine étaient placés sous la protection des mêmes lois, et les Latins assistaient aux assemblées du peuple. Un jour, leur ambition s'alluma. Ils demandèrent qu'un des consuls et une moitié du sénat fussent choisis parmi eux. De là cette lutte mémorable auprès du lac Régille. De là cette promenade victorieuse de Camille à travers le Latium. L'antique confédération se brisa. La prudence de Rome acheva ce que ses armes avaient commencé (2).

On écrasa les villes coupables; on rasa leurs murailles et on rejeta leurs habitants au delà du Tibre. Aux alliés fidèles on accorda la cité avec ou sans suffrage. Quant aux autres peuplades latines, la prohibition de tout rapport, de toute alliance entre leurs membres, devait les contenir. Vis-à-vis de Rome, leur situation restait la même (3).

On admet généralement qu'à une époque postérieure tous les Latins votaient avec les Romains quand ils se trouvaient à Rome (4). Mais les preuves du fait sont trop incertaines, les recherches des savants trop infructueuses, leurs hésitations trop nombreuses pour autoriser sur ce point autre chose qu'une conjecture.

---

(1) Ampère, *Histoire romaine.*
(2) Tite-Live.
(3) Tite-Live.
(4) M. Demangeat, *Cours élémentaire de droit romain*, t. I, p. 160.

Bientôt, du reste, la cité romaine ouvrit ses portes aux habitants du Latium, et les Latins, dont parlent Gaïus et Ulpien, sont ou les Latins des colonies ou les affranchis latins juniens

A côté des colonies de citoyens romains qui reproduisaient l'image de Rome, l'usage s'établit de créer des colonies latines, c'est-à-dire des colonies dont la constitution et les droits étaient empruntés aux villes du Latium (1).

Les *Latini coloniarii* recevaient donc la condition des anciens Latins, sauf en un point : ils n'avaient pas le *connubium* avec les Romains. Les citoyens romains pouvaient se fixer dans les colonies latines; mais nous savons par Cicéron qu'ils perdaient alors la cité romaine et qu'ils ne jouissaient, selon l'expression de M. Giraud, « que du droit départi à la colonie ».

Le droit du Latium fut accordé, indépendamment de toute colonisation, à des villes, à des provinces. Les provinciaux devenaient alors Latins et jouissaient des avantages que donnait ce titre. Mais le sol provincial ne se trouvait point assimilé au sol italique et les habitants continuaient à payer l'impôt foncier. Le *jus Latii* était en effet une condition des personnes et non point, comme le droit italique, une condition des cités et des terres. La latinité se répandait chaque jour davantage. On passait par le Latium pour entrer dans la cité romaine (2). La Sicile reçut le *jus Latii* de César, et d'Antoine le *jus civitatis*. Le pérégrin, doté de la latinité,

---

(1) M. Ch. Giraud, *Les tables de Salpensa et de Malaga*, p. 28.
(2) Pline le Jeune, *Panégyrique*, ch. xxxvii.

pouvait par lui-même, en se conformant aux proscrip-
tions de certaines lois, pénétrer de vive force dans la
cité romaine. C'est là le plus précieux avantage des
nouveaux comme des anciens Latins.

Et ainsi nous arrivons à nous demander comment les
pérégrins et les Latins pouvaient obtenir les priviléges
de la cité romaine.

Les uns et les autres devenaient citoyens romains
par une concession expresse. Cette concession émanait
du peuple romain, ou d'un général investi de ce
pouvoir par une loi, ou plus tard des empereurs.

Certaines conditions étaient exigées. Les villes, les
peuples libres ou fédérés, qui pouvaient suivre les lois
romaines ou quelques-unes de ces lois pour leur propre
usage et sans que cela modifiât leurs rapports avec
Rome, devaient, s'ils voulaient mériter la cité romaine,
se soumettre aux lois civiles de Rome (1) et par conséquent perdre un peu de leur indépendance. De là, parfois, des dissensions dans le sein des villes, quand il fallait opter entre une offre séduisante et les charmes de
l'antique liberté (2).

Il vint un moment, lorsque toute l'Italie fut romaine,
où l'adoption préalable du droit civil romain fut une
condition nécessaire pour acquérir un titre que tout l'u-
nivers ambitionnait (3).

Si les villes pouvaient repousser cet honneur, Rome
ne leur reconnaissait pas le droit de fermer à leurs
habitants les portes de la cité romaine, à moins d'une

---

(1) On appelait cela : *fundus fieri.* — *Populi fundi.*
(2) Cicéron, *Pro Balbo*, ch. viii.
(3) M. Ch. Giraud, *Recherches sur le droit de propriété*, p. 306.

convention spéciale en ce sens. Sauf dans ce cas exceptionnel et sans doute très-rare, rien ne devait amoindrir le pouvoir des Romains. Cicéron nous le dit (1). Eux seuls fixaient les limites de leur puissance. Aussi voyons-nous Rome admettre même des esclaves au rang des citoyens, en récompense de quelque important service rendu à la République.

Quelquefois, pour devenir citoyen romain, il fallait avoir le droit de cité dans une ville déterminée. Ainsi aucun Égyptien ne pouvait prétendre à la bourgeoisie romaine, s'il n'était déjà bourgeois d'Alexandrie (2).

Les pérégrins, comme les Latins, obtenaient encore la cité romaine par ce qu'on appelait l'*erroris causæ probatio*, c'est-à-dire lorsque, par erreur, un citoyen romain, croyant s'unir à une citoyenne romaine, épousait une Latine ou une pérégrine. La même faveur était accordée à la citoyenne romaine qui tombait dans une semblable méprise.

Laissons maintenant de côté les pérégrins. Le Latin pouvait, par des voies à lui seul ouvertes, pénétrer dans la cité romaine. Ainsi devenaient citoyens romains :

1° Le Latin qui, laissant dans sa ville au moins un enfant, venait s'établir à Rome et s'y faisait inscrire sur les registres du cens. Cette faculté donna naissance à des fraudes, et Tite-Live nous montre les députés des villes latines apportant leurs plaintes au sénat romain et indiquant les dangers d'une pareille tolérance (3);

2° Le Latin qui avait géré une magistrature dans sa

---

(1) Cicéron, *Pro Balbo.*
(2) Pline le Jeune, Lettres, x, 22 et 23.
(3) Tite-Live, liv. XLI, ch. viii.

ville ; cette concession était essentiellement personnelle, au moins pour les Latins des colonies. Quant aux
anciens Latins , la question reste douteuse (1) ;

3° Le Latin qui accusait de malversation et faisait
condamner un sénateur romain (2) ;

4° Le Latin qui dépensait les deux tiers de sa fortune
pour faire des constructions à Rome (3) ;

5° Celui qui servait dans les vigiles pendant trois
ans (4) ;

6° Celui qui, sur un vaisseau bâti à ses frais , amenait
du blé à Rome pendant au moins six ans (5) ;

7° Celui qui établissait une boulangerie à Rome (6) ;

8° Enfin Gaïus nous apprend que la Latine des colonies, qu'un affranchi latin junien épousait, en faisant certaines déclarations, acquérait la cité romaine avec son
mari et avec l'enfant né de cette union, si cet enfant
atteignait l'âge d'un an (7).

C'est un beau spectacle que celui de cette savante
hiérarchie établie par Rome entre les peuples qui l'entouraient à titre de sujets ou d'alliés. Mais, pendant que
ses conquêtes et sa politique étendaient son empire,
pendant que ses proconsuls pillaient impunément les
provinces et que les généraux traînaient derrière leurs
chars des rois et des nations garrottés, les vaincus,

<hr>

(1) Gaïus, Com. 1, § 96.
(2) Cicéron, *Pro Balbo.*
(3) Gaïus, Com. 1, § 33. — Ulpien, Reg. (tit. III, § 1).
(4) On avait d'abord demandé six ans. Ulpien (tit. III, § 5).
(5) Ulpien (tit. III, § 5). — Suétone (Claude, ch. xix).
(6) Ulpien (tit. III, § 1).
(7) Gaïus, Com. 1, §§ 29, 32, 66.

bafoués et méprisés, triomphaient, à leur tour et à leur manière, de leurs gigantesques vainqueurs.

Dès le sixième siècle de Rome, les étrangers venaient souvent dans la ville, les uns pour apporter des tributs, adresser quelque supplique au sénat ou demander justice, les autres pour faire honneur à quelque patron illustre et intègre, pour saluer un Caton ou assister aux funérailles d'un Paul-Émile ; d'autres enfin pour trafiquer de leur esprit et de leur science. Ainsi les mœurs et les coutumes étrangères se répandaient dans Rome.

La soumission de la Grèce, de la Macédoine et des pays orientaux accéléra ce mouvement.

Caton, le premier, jeta le cri d'alarme. D'une voix infatigable il réclamait la ruine de Carthage et le retour aux habitudes des ancêtres. Le rude censeur ne comprenait pas que, Carthage une fois détruite, Rome, délivrée de cette rivale redoutable, abandonnerait promptement l'austère vertu pour se précipiter dans les plaisirs et dans les vices.

Carthage tomba après la mort de Caton, et la dépravation des mœurs augmenta. L'Italie et Rome se peuplaient d'étrangers. Ces étrangers pénétraient dans les familles comme pédagogues et comme médecins ; ils enseignaient les lettres, les sciences, la philosophie ; ils avaient le secret des arts et des jouissances raffinées, et surtout rien ne les rebutait ; si bien que, peu à peu, à force de patience et de souplesse, ils vainquirent, policèrent, corrompirent les habitants de l'agreste Latium.

Leur situation, à Rome, fut longtemps précaire. Sans cesse menacés d'être expulsés, sévèrement distingués des citoyens, punis de mort s'ils revêtaient la toge, ils no se découragèrent pas. Les expulsions devinrent plus rares ; on excepta certaines professions honorées, et cette usurpation de la toge qui, sous le règne de Claude, amenait la mort du coupable, était si fréquente, un siècle après, au temps de Marc-Aurèle, que, pour éviter de trop longues recherches, on aima mieux regarder comme citoyens, sans aucune vérification, les audacieux qui avaient osé s'assimiler aux maîtres du monde.

Pendant que les étrangers revêtaient ainsi par fraude le vêtement distinctif des Romains, le Romain adoptait volontiers les costumes étrangers. Quelques voix, pleurant l'antique simplicité, protestaient ; mais les plaintes de Cicéron (1), faisant un crime à Verrès de sa robe asiatique, et les ordres déjà plus tolérants d'Adrien, proscrivant l'usage du manteau grec ailleurs qu'au retour d'un souper (2), montrent seulement quel attrait avaient pour les Romains les habitudes orientales.

Tout subissait cette influence. La langue d'Homère et de Platon s'introduisit dans Rome, et Caton lui-même apprit le grec dans sa vieillesse (3). Sans doute jamais cette langue harmonieuse ne devint le langage officiel, et Tibère, malgré son goût pour les études grecques, avait soin, quand il allait au sénat, de parler latin et d'écarter de ses discours ou des sénatus-consultes soumis à son approbation toutes les expressions qui sentaient la nouveauté (4).

---

(1) *Seconde action contre Verrès*, liv. V, 33.
(2) Spartien. — Adrien, xxi.
(3) Montaigne, *Essais*, liv. II, ch. xxviii.
(4) Suétone. — Tibère, 71.

Mais, hors de la vie publique, on se livrait avec ardeur à la connaissance des lettres grecques; on sacrifiait sans pitié Cicéron à Démosthène (1), ou, si on osait les comparer, on ne le faisait qu'en tremblant (2); on remerciait la Grèce d'avoir donné quelque grâce à l'âpre rusticité des vers saturniens (3), et on se plaignait que la pauvreté de la langue latine se prêtât mal aux délicatesses de l'atticisme (4).

La langue grecque avait obtenu droit de cité : elle était partout employée et comprise, non-seulement dans de savants discours débités devant une assemblée d'élite, mais au théâtre, devant le public grossier qui préférait un gladiateur au *Phormion* de Térence, non-seulement dans les traités de philosophie, mais dans les causeries les plus intimes. Les femmes elles-mêmes affectaient de parler la langue d'Athènes; leur crainte, leur colère, leur joie, leurs soucis, leur amour, leur tendresse, elles exprimaient toutes leurs passions en grec (5).

Si nous jetons un rapide coup d'œil sur les arts, nous assistons à la même comédie. Sur la scène, c'est-à-dire dans la vie publique, l'orgueil romain méprise ces divines frivolités dont il se sent incapable. C'est l'histoire du Renard et des Raisins. Cicéron, dans un discours qu'il ne prononça jamais, affecte pour les chefs-d'œuvre de la sculpture une ignorance toute romaine. S'agit-il

---

(1) Virgile, *Énéide*, liv. **VI**, v. 848.
(2) Quintilien, liv. **X**, ch. 1.
(3) Horace, *Épîtres*, liv. II, ép. 1.
(4) Pline le Jeune, *Lettres*, iv, 18. — Quintilien, liv. XII, ch. x.
(5) Juvénal, satire vi.

de citer un nom d'artiste, il hésite, il tâtonne, on est obligé de lui souffler ce nom qu'il semble oublier. Si ses souvenirs le servent trop bien, il s'excuse et explique comment sa mémoire peut lui retracer de semblables bagatelles.

Cet orateur est Marcus Tullius, un homme de goût, un ami des arts. Il a sans doute composé son discours dans une de ces délicieuses villas, dont les salles et les galeries, ornées des meilleurs tableaux et des plus belles statues de la Grèce, rappelaient par leur nom même les écoles et les portiques d'Athènes.

Le goût des choses étrangères pénétrait de tous côtés. Tant que des luttes continuelles et voisines avaient tenu les Romains dans la crainte, on ne pensait pas aux divertissements que la paix assure. Mais depuis le moment où Rome « n'eut presque plus que de petites guerres et de grandes victoires (1) », le citoyen romain, oisif, avide de plaisirs, assis au théâtre ou au cirque, ne conserva de son ancienne gloire militaire que l'amour du sang répandu. La Grèce n'avait jamais connu des spectacles aussi grossiers, et les jeux Olympiques n'admettaient ni le combat de l'homme avec la bête féroce, ni les sauvages émotions de la naumachie.

Pour le reste, Rome se contentait d'imiter. Les Grecs répandaient partout à profusion leurs habitudes et leur esprit. La politesse de leurs manières, la ténacité de cette civilité rampante que rien n'arrêtait, leu langage mielleux, leur empressement à tout faire, assu-

---

(1) Montesquieu, *Grandeur et décadence*, ch. v.

raient à ces adroits comédiens la faveur des riches et,
le jour où le pain manquait, une table bien servie.

> Natio comœda est. Rides, majore cachinno
> Concutitur. Flet, si lacrymas conspexit amici,
> Nec dolet; igniculum brumæ si tempore poscas,
> Accipit endromidem. Si dixeris : æstuo, sudat (1).

Ce métier de parasite avait ses mécomptes et demandait un laborieux apprentissage. Dans cette étude,
les Romains restaient loin derrière ces misérables
étrangers, vaincus hier, aujourd'hui vainqueurs, abat-
tus sur le champ de bataille, triomphant à la table romaine, abandonnés par Mars, mais protégés par Mer-
cure et par Bacchus. Cette lutte inégale dans la flatterie
les rebutait, pendant qu'un autre sentiment attristait
les âmes plus élevées. Le patriotisme effrayé voyait
l'abîme et, au fond de l'abîme, une ruine inévitable.

> Non possum ferre, Quirites,
> Græcam urbem !

s'écriait Juvénal indigné, en signalant cette corruption
générale et cet affaiblissement des caractères.

Qu'aurait dit le poëte satirique s'il eût vu cette statue
élevée à un rhéteur arménien et sur laquelle on lisait
ces mots :

ROME, REINE DU MONDE, AU ROI DE L'ÉLOQUENCE.

Les étrangers triomphaient. Leur condition s'améliorait. Ils avaient fini par se faire envier des Romains
eux-mêmes, auxquels ils avaient fait le plus terrible

---

(1) Juvénal, satire III.

des présents : l'amour immodéré de l'oisiveté et du plaisir.

..... Timeo Danaos et dona ferentes.

Comme les mœurs, les croyances subirent l'influence extérieure. La politique du sénat et l'imagination superstitieuse du peuple ouvraient la cité aux dieux étrangers. Quand une religion voulait bien faire alliance avec les anciennes divinités du Latium, elle pouvait vivre en liberté chez les Quirites.

Ainsi les pérégrins conservaient leurs sanctuaires, et des temples s'élevaient dans Rome en l'honneur de leurs idoles. On vit tous les cultes envahir successivement l'Italie, et la vieille religion fondée par le Sabin Numa s'effaça devant des rites nouveaux et des cérémonies jusqu'alors inconnues. Ces tendances naquirent et se développèrent sous la république; elles se fortifièrent encore sous l'empire.

Le dieu persan Mithra, Isis et Osiris, Sérapis, Atys, Anubis à la tête de chien, la Syrienne Astarté, la déesse de Pessinunte avaient élu domicile à Rome. Les prêtres égyptiens, les augures de Phrygie, les devins de l'Inde, les sorcières de Thessalie, dont les sombres incantations troublaient le sceptique Lucain, les Galles de Bérécynthe, se livrant à leurs danses obscènes, les astrologues chaldéens, dont les prédictions remplaçaient les oracles de Delphes, toute cette cohue révérée étalait publiquement son immonde charlatanisme.

La matrone romaine, effrayée, courbait la tête sous les prescriptions de ces hardis imposteurs, calmait les colères d'Isis ou de Cybèle par quelque riche offrande,

destinée à payer de nocturnes orgies, et, pour réparer
ses fautes, rampait nue, tremblante, sur ses genoux
ensanglantés, autour du champ de Tarquin le Su-
perbe (1).

A côté de ces grossières superstitions, le culte du
vrai Dieu, humble et méprisé, pénétrait dans Rome
avec les Juifs.

La religion primitive des Quirites était ensevelie sous
cette invasion de croyances étrangères, contre laquelle
luttaient quelquefois le sénat ou les empereurs. Mais
le peuple romain résistait aux Césars, au sénat, aux
lois, et les cultes, ignominieusement chassés de Rome,
y revenaient bientôt plus forts et relevaient leurs autels
renversés.

Ces sévérités étaient assez rares. Les cruautés qu'on
exerça contre les druides, les prêtres égyptiens, les
astrologues chaldéens et les Juifs, avaient un but plutôt
politique que religieux. Quant au christianisme, tout
s'arma contre lui : des gouvernements ignorants qui
voyaient dans les chrétiens des rebelles, le polythéisme
mourant qui défendait encore ses sanctuaires délaissés,
les voluptés et les vices que le paganisme avait déifiés
et que condamnait la loi nouvelle (2).

Rome se sentait vaincue par ceux dont ses armes
avaient triomphé. Ses habitudes, ses mœurs, sa religion, sa vie faisaient place à des habitudes, à des
mœurs, à une religion, à une vie étrangères. La condition des pérégrins se rapprochait tellement de celle

____

(1) Juvénal, satire 6.
(2) M. de Valroger, à son cours. — M. de Champagny, *Les Césars*,
t. III, p. 352 et suiv.; *Les Antonins*, t. III, p. 82 et suiv.

des citoyens romains, qu'en abolissant toute différence entre les uns et les autres, Caracalla et Justinien n'excitèrent aucune émotion.

Rome n'était plus dans Rome. La vraie Rome d'autrefois, on ne la trouvait plus nulle part. Son empire se tenait encore debout, comme ces arbres morts qui ont perdu leurs feuilles et leurs branches; un orage les abat. L'ouragan barbare, accourant du Nord avec furie, déracina ce qui restait encore de la puissance romaine.

CHAPITRE V

Les barbares voulaient des territoires, du butin. Ils
ne se piquaient pas de civiliser le monde. Ils laissèrent
aux vaincus leurs lois : ainsi chacun vécut selon la coutume de sa race. Cette faveur ne s'étendait pas aux
étrangers proprement dits. Quelques législations, la loi
wisigothe et la loi lombarde, quelques princes de la
seconde race protégèrent les marchands, les voyageurs,
les exilés. De son côté, l'Église venait à leur secours.
Par ses prodiges d'héroïsme et de dévouement elle
avait conquis une influence considérable. Elle excitait
les rois, les fidèles, et on élevait des chapelles, des abris
où pouvaient se réfugier ceux qui erraient loin de leur
patrie inconnue. L'aubain pouvait encore se recommander à un seigneur, au roi, à un monastère, à une
abbaye. On l'assimilait alors aux affranchis. Il devenait
l'homme de son protecteur. Tous ces efforts se heur-
taient aux habitudes sauvages d'une société boulever-
sée. La condition des étrangers restait misérable ; aucune garantie sérieuse n'assurait l'état des personnes.

L'anarchie enfanta l'anarchie. Figurons-nous un pays
où la force brutale domine, où le seul droit naturel
reconnu et respecté est le droit de la guerre, où les
faibles se groupent autour des puissants pour être dé-
fendus, où ces puissants luttent sans cesse entre eux,

où dans un même État se créent de petits États indé-
pendants, audacieux, rebelles; telle nous apparaît la
France, au moment où la féodalité construisait ses châ-
teaux et ses remparts.

A cette époque, qui, étudiée dans les détails, eut sa
grandeur et sa poésie (1), les aubains furent considérés
et traités comme des serfs (2), soumis à des redevances
annuelles, au droit du formariage, ne pouvant tester
que jusqu'à cinq sous, et voyant les seigneurs maîtres
de leurs personnes et de leurs biens.

Les abus amènent les réformes. L'émancipation des
communes, qui fut le résultat d'insurrections ou de marchés, la naissance de la bourgeoisie, « nation nouvelle
qui s'éleva entre la noblesse et le servage (3) », la lutte
longue et laborieuse des rois contre la féodalité adou-
cirent ces rigueurs.

La liberté pour les personnes devint la règle ; la servitude, l'exception, et cette exception dut être prou-
vée par un titre authentique. Les étrangers profitaient
pendant leur vie de cette présomption favorable. Mais
leur indépendance semblait s'éteindre avec eux, et les
seigneurs continuèrent à recueillir leurs biens, comme
ils avaient accoutumé de le faire.

Ces habitudes constituèrent un droit : ce fut le droit
d'aubaine. Les rois disputèrent aux seigneurs cette
source de profits. Ils affectèrent d'abord une feinte modération. Mais, dès la fin du quatorzième siècle, ils

---

(1) Chateaubriand, *Analyse raisonnée de l'histoire de France.*
(2) Daguesseau, *OEuvres complètes*, t. VII, p 407. — Montesquieu, *Esprit des lois*, liv. XXX, ch. xv.
(3) Augustin Thierry.

parlèrent en maîtres. Malgré les résistances de plusieurs coutumes, le fisc royal triompha et les légistes mirent leur esprit et leur science à la gêne pour justifier ce droit insensé(1), dont ils auraient dû demander l'abolition et contre lequel s'élevaient les protestations des provinces méridionales.

« La meilleure raison, disait Ferrière, c'est que nos rois l'ont voulu de la sorte. »

Par cette victoire et par d'autres du même genre la royauté acheva son œuvre. La féodalité politique périt; l'unité de la France est consommée; les coutumes sont rédigées.

En fait, la condition des aubains s'améliorait progressivement, mais de nombreuses différences séparaient toujours l'étranger du regnicole.

Il faut se défier des formules générales; deux points sont cependant certains : l'aubain jouissait de tous les avantages qui résultent du droit des gens et ne jouissait pas des droits politiques.

Pothier nous dit :

« Les actes entre-vifs sont du droit des gens, les étrangers jouissent de tout ce qui est du droit des gens; ils peuvent donc faire toutes sortes d'actes entre-vifs. »

Cette formule syllogistique, parfaitement construite, serait excellente, si en effet tous les actes entre-vifs étaient du droit des gens. Mais Pothier lui-même, quelques lignes après cette singulière affirmation, reconnaît que certains actes entre-vifs sont du droit civil.

« Observez, dit-il, que quelques personnes préten-

_____

(1) Montesquieu, *Esprit des lois*, liv. XXI, ch. xxiii.

dent que les aubains ne sont capables que des actes
qui sont du droit des gens, et qu'ainsi ils ne sont pas
capables des actes entre-vifs qui sont du droit civil. »

L'erreur de Pothier se trouve ainsi indirectement
réfutée par Pothier lui-même (1).

Il faut donc dire simplement que l'aubain pouvait
faire, non pas tous les actes entre-vifs, mais tous les
actes dépendant du droit des gens.

Un autre point certain, c'est que les droits politiques
étaient refusés aux étrangers : l'aubain ne pouvait exercer aucune fonction publique, de quelque nature qu'elle
fût, ni posséder un bénéfice, ni tenir un office. On ne le
recevait pas au serment d'avocat ; on ne le nommait ni
principal ni régent dans les universités, et, quant aux
degrés qu'on lui conférait, on ne lui permettait pas
d'en faire usage dans le royaume. L'ordonnance de
Blois défendait aux prélats d'affermer à des aubains le
temporel de leurs bénéfices. Cette prohibition s'étendait
aux fermes du domaine royal, des aides, des gabelles,
et à toutes les autres fermes publiques (2).

Quand on arrive aux droits civils, il faut s'avancer
avec prudence. La règle est que les étrangers ne jouissent pas des droits civils. Mais cette règle recevait de
nombreuses exceptions. Ainsi les aubains, dans le
royaume, pouvaient ester en jugement, se marier avec
des Français, acquérir des hypothèques sur des immeubles situés en France, et personne ne conteste
que la faculté d'ester en jugement, que le contrat civil

---

(1) Pothier, éd. Bugnet, t. IX, p. 24.
(2) *Ibid.*, éd. Bugnet, t. IX, p. 20 et 21.

appelé mariage, que l'hypothèque ne constituent des droits civils et, selon l'expression de Merlin, ne soient entièrement du domaine des lois civiles (1).

Il n'est donc pas inutile de marquer quelles sont, en ce qui concerne le droit civil, les incapacités des aubains.

Les étrangers ne pouvaient être tuteurs, la tutelle étant, en quelque sorte, une charge publique, *munus publicum* (2).

Dans certains cas on les obligeait à fournir caution.

Si par exemple ils intentaient, comme demandeurs, un procès contre un Français, ils devaient donner la caution *judicatum solvi*, ou prouver qu'ils possédaient dans le royaume des immeubles d'une valeur suffisante pour rendre inutile toute autre sûreté (3).

S'ils faisaient la banque, on exigeait d'eux une caution renouvelable tous les trois ou tous les cinq ans, ou bien des lettres que les rois leur vendaient fort cher, et « qui leur servaient et tenaient lieu de lettres de naturalité (4). »

Tandis que le regnicole, en cédant ses biens à ses créanciers, arrêtait leurs poursuites, on refusait cette faveur à l'aubain (5).

L'ordonnance de 1667 qui, en matière civile, déchargeait les citoyens de la contrainte par corps, la laissait subsister à l'égard des aubains (6).

---

(1) Merlin, *Répertoire de jurisprudence*, v° Étranger.
(2) Pothier, *loc. cit.*, p. 58.
(3) *Ibid.*, *loc. cit.*, p. 21.
(4) Ordonnance de 1563. — Ordonnance de 1579. — Édit. de 1587. — Isambert, t. XIV, p. 180, 460, 610.
(5) Pothier, éd. Bugnet, t. IX, p. 22.
(6) *Ibid.*, éd. Bugnet, t. IX, p. 22.

Dans les actes solennels, tels que le testament, les regnicoles seuls étaient admis comme témoins; et dans les actes, où les aubains pouvaient figurer en cette qualité, on voulait qu'ils justifiassent d'une réputation sans tâche.

On accordait aux aubains la prescription de trente ans; cette prescription « n'étant fondée que sur le laps de temps et étant indépendante de la qualité des personnes, elle milite, disait Pothier, à l'égard du possesseur aubain comme de tout autre (1). » Quant aux prescriptions de cinq et de vingt ans, on les refusait généralement aux aubains, en s'appuyant assez maladroitement sur les souvenirs de l'ancienne usucapion romaine. « Il nous semble, dit un savant annotateur de Pothier, que l'étranger peut invoquer toute espèce de prescriptions; ce mode d'acquisition ou de libération est toujours fondé sur des causes indépendantes de la qualité de la personne du débiteur ou du détenteur (2). »

On se demandait si l'aubain pouvait exercer le retrait lignager et le retrait féodal. On ne lui accordait pas le retrait lignager, parce que, disait-on, cette faculté exorbitante résulte de la parenté. Or, l'aubain ne peut avoir aucune parenté civile. Au contraire, l'aubain usait du retrait féodal. Les droits féodaux étant plutôt réels que personnels, on n'avait point à considérer la nationalité du retrayant, possesseur de fief (3).

---

(1) Pothier, éd. Bugnet, t. IX, p. 26 et 27.
(2) *Ibid.*, éd. Bugnet, t. IX, p. 27, not. I.
(3) *Ibid.*, éd. Bugnet, t. IX, p. 27.

Nous arrivons aux incapacités les plus pénibles.

Si l'aubain pouvait, selon sa volonté, par actes entre-vifs, soit à titre onéreux, soit à titre gratuit, donner ou recevoir, dépenser sa fortune ou l'accroître, il n'avait plus la même liberté, quand il s'agissait d'actes à cause de mort; il ne pouvait tester, et ce qu'on lui laissait par testament ou toute autre disposition analogue ne parvenait pas jusqu'à lui.

On allait plus loin dans la voie des sévérités. L'aubain ne transmettait pas sa succession à ses parents regnicoles ou étrangers et ne recueillait pas les leurs. Seuls, ses enfants nés dans le royaume ou naturalisés Français et résidant en France lui succédaient et communiquaient le même avantage à leurs frères et sœurs nés hors du royaume, mais y ayant fixé leur domicile. Là s'arrêtait l'exception, et le père n'échappait jamais au droit d'aubaine.

Cette incapacité de tester et de transmettre, de recevoir un legs et de succéder *ab intestat,* donnait au trésor royal le moyen de confisquer toute la fortune que l'aubain possédait dans le royaume. Ce vol légal subsista théoriquement jusqu'à la Révolution, où il trouva encore des défenseurs. Mais, en fait, pour attirer les étrangers, il fallut leur faire des concessions, leur offrir des avantages, et dès le quatorzième siècle, la royauté multiplia chaque année les exemptions du droit d'aubaine.

Ces dispenses s'appliquaient ou à certaines choses seulement, à une partie de la fortune de l'aubain, à sa succession mobilière, ou au contraire à tout ce qu'il possédait dans le royaume. On relevait de l'incapacité

ou des individus spécialement désignés ou des professions, ou un peuple tout entier ; on rendait, en ce qui
regarde le testament et la succession, les communications libres, tantôt entre les aubains seulement, tantôt,
mais cette faveur était excessivement rare, entre les
aubains et les Français. Enfin ou le droit d'aubaine
disparaissait complétement, ou il faisait place au droit
de détraction, c'est-à-dire à un prélèvement de tant
pour cent, ordinairement 10 p. 100, au profit du fisc.

Ajoutons que, sauf dans le traité avec l'Angleterre,
relativement aux successions immobilières (1), la réciprocité fut toujours la condition nécessaire de ces
concessions qui constituaient ainsi des contrats inter-
nationaux.

En se dépouillant des profits que pouvait rapporter
le droit d'aubaine, la royauté, « qui ne laissait échapper
aucune occasion d'étendre matériellement et morale-
ment sa puissance », voulait, selon les temps et selon
les besoins, encourager le commerce et l'industrie,
favoriser les études, récompenser d'illustres serviteurs,
tels que le maréchal de Saxe, peupler de marchands
les grandes foires du royaume, rendre la vie à certains
pays, comme le Languedoc, augmenter la richesse de
certaines villes, attirer les capitaux étrangers en
France, donner plus de crédit aux rentes sur l'État et
aux rentes sur l'Hôtel de ville, accroître les relations

(1) « En Angleterre, sauf quelques cas exceptionnels, un étranger
ne pouvait, avant l'acte de 1870, hériter des biens fonciers. Même,
s'il achetait des terres, elles devaient appartenir au roi; mais un
étranger ami (*alien friend*) pouvait toujours y faire un testament et
léguer ses biens mobiliers. » — *Commentaire sur les éléments du droit
international de Wheaton*, par Beach Lawrence, t. III, p. 81.

de la France avec les pays voisins, travailler au progrès de la civilisation.

Les édits, les déclarations, les lettres patentes et surtout les traités abattaient chaque jour davantage le droit d'aubaine. Ces traités se succédèrent si rapidement pendant le dix-huitième siècle, qu'au moment où la Révolution éclata, la royauté avait presque entièrement rejeté cette vieille dépouille des temps féodaux.

Les rois pouvaient, par un bienfait plus large, assimiler les aubains aux Français. Dans ce cas, l'étranger recevait des lettres de déclaration ou de naturalité(1) :

Des lettres de déclaration, quand il était originaire d'un pays sur lequel les rois de France avaient des droits constants et légitimes, mais où néanmoins leur autorité était méconnue. Tels étaient, au temps de Pothier, le royaume de Naples, la république de Gênes, le duché de Milan, le comté de Flandre(2);

Des lettres de naturalité, quand il appartenait à une nation absolument indépendante de la France.

Les lettres de naturalité, données en grande chancellerie, ne pouvaient avoir aucun effet, si elles n'étaient régulièrement enregistrées à la Chambre des comptes. Ces lettres se payaient ; parfois cependant on les accordait gratuitement; c'était une faveur ajoutée à une faveur.

Les étrangers naturalisés étaient citoyens français et jouissaient des droits qu'assurait ce titre envié. Néanmoins, pour certaines dignités éminentes de l'Église,

____

(1) Pothier, t. IX, p. 20, 27 et suiv. — Daguesseau, *OEuvres complètes*, t. II, p. 612.

(2) Pothier, t. IX, p. 20.

la naturalisation ne suffisait pas (1). Il fallait une clause particulière (2).

Devenu Français, l'aubain ne pouvait pas tester en faveur d'étrangers, ni transmettre sa succession à ses parents étrangers. La naturalisation, on le voit, se distinguait profondément de l'exemption du droit d'aubaine. Si donc, l'aubain naturalisé mourait sans laisser ni parents français ou naturalisés, ni veuve(3), sa succession revenait au roi.

On s'était demandé, au temps où la lutte entre le roi et les seigneurs avait le plus de vivacité, qui du roi ou du seigneur haut justicier devait recueillir ces biens. Les seigneurs soutenaient que ces sortes de successions leur appartenaient comme biens vacants ou tombés en déshérence. Selon eux, un homme naturalisé n'était plus aubain. Dumoulin se rangea du côté des seigneurs.

Les rois triomphèrent. « Je tiens, disait Loyseau, qu'il est très-juste d'exclure le haut justicier de la succession de l'étranger, bien même que naturalisé, mourant sans parents regnicoles, tant à raison de la condition apposée de droit commun ès lettres de naturalité : *pourvu qu'il ait héritiers regnicoles*, qui défaut en ce cas, que parce que la naturalisation de l'étranger ne profite pas à ses parents étrangers, qui, n'étant naturalisés eux-mêmes, sont toujours exclus de succéder, fût-ce à un naturel français. »

En échange du privilége qu'on leur accordait, les

---

(1) *Ord. de Blois*, art. 4, Isambert, t. XIV, p. 380.
(2) *Ibid.*, art. 8, Isambert, t. XIV, p. 80.
(3) Pothier, t. IX, p. 20.

aubains naturalisés étaient obligés de résider dans le
royaume. En 1720, une déclaration du duc d'Orléans
annula les lettres de naturalité accordées aux aubains
qui ne résidaient point en France (1).

Les lettres de naturalité n'étaient pas la seule voie
ouverte aux étrangers pour devenir Français. Quelques
peuples jouissaient des mêmes priviléges que les regnicoles, les uns, tout en vivant hors du royaume, les
autres, sous la condition de s'y venir fixer (2).

Les aubains se trouvaient naturalisés par le seul fait
d'habiter les colonies françaises ou certaines villes du
royaume, auxquelles les rois octroyaient cette faveur (3).

Enfin, étaient naturalisés les aubains qui servaient
la France, sur terre ou sur mer, pendant un certain
temps.

Ajoutons que tout enfant né en France était Français *jure soli*, quelle que fût la nationalité de ses parents.

Nous ne pouvons abandonner ce sujet sans jeter un
coup d'œil sur la condition des étrangers au point de
vue des finances, du commerce, de la sécurité des personnes, de la religion.

Les droits de chevage et de formariage avaient péri
de bonne heure; mais des taxes fort onéreuses, de
nombreux péages empêchaient le fisc de trop vivement
sentir ces modifications. Les monnaies étrangères n'a-

---

(1) Isambert, t. XXI, p. 177.
(2) Pothier, t. IX, p. 20.
(3) *Ibid.*, t. IX, p. 29.

vaient pas cours dans le royaume et les monnaies françaises changeaient de valeur au gré des rois. On comprend quel trouble ces variations jetaient dans les
marchés. En 1313, un mandement enjoignit de laisser
passer les monnaies prohibées apportées par les étrangers
qui venaient étudier à Paris. Des lettres du mois de
mai 1479 permirent l'usage des monnaies étrangères
dans les foires de Lyon. En outre, certaines monnaies
étaient exceptées des prohibitions qui frappaient toutes
les monnaies non françaises.

Les aubains, pour commercer en France, rencontraient encore d'autres difficultés. Pendant que les rois
voulaient attirer les négociants étrangers, en leur accordant différents avantages, l'établissement des arts et
métiers en corps de communauté dans toutes les villes
et lieux du royaume et l'assujettissement de tous les
artisans à la maîtrise et à la jurande amenaient un fâ-
cheux ralentissement dans le mouvement salutaire que
la royauté cherchait à produire(1).

Ces institutions arbitraires, entre autres inconvé-
nients, écartaient les ouvriers étrangers et privaient
l'État et les arts de leurs lumières (2). Enfin Louis XVI,
sur la proposition de Turgot, supprima les maîtrises
et les jurandes (1776).

« Il sera libre à toute personne, dit l'article premier
de l'édit, de quelque qualité et condition qu'elle soit,
même à tous étrangers, encore qu'ils n'aient point obtenu de lettres de naturalité, d'embrasser, dans tout

(1) Turgot, t. II, p. 306 et 307.
(2) *Ibid.*, t. II, p. 306 et 307.

notre royaume, et notamment dans notre bonne ville de Paris, telle espèce de commerce et telle profession d'arts et métiers que bon lui semble, même d'en réunir plusieurs, à l'effet de quoi nous avons éteint et supprimé, éteignons et supprimons tous les corps et communautés de marchands et artisans, ainsi que les maîtrises et jurandes. »

Pour que les étrangers se fixent dans un pays, il faut qu'ils y rencontrent la sécurité pour eux et pour leurs biens, la liberté pour leurs croyances. Avaient-ils, en France, à ce double point de vue, des garanties suffisantes ?

Exposés à l'abominable droit de naufrage, contre lequel les défendaient mal les prescriptions sans cesse renouvelées mais longtemps impuissantes de la royauté, les aubains voyaient une autre menace, celle-là établie et sanctionnée par les lois, suspendue au-dessus de leur tête. Quand la guerre éclatait entre la France et un pays, tous les aubains, originaires de cette contrée, devaient, dans un délai déterminé et en général fort court, non-seulement quitter le royaume, mais *mettre hors de leurs mains* tous les biens qu'ils possédaient sur le territoire français. S'ils négligeaient cet ordre ou ne pouvaient s'y conformer assez rapidement, leurs biens appartenaient au roi. Eux-mêmes étaient arrêtés, constitués prisonniers, et obligés de se racheter moyennant une rançon (1).

Quant au culte, la religion catholique était la seule

---

(1) Pothier, éd. Bugnet, tom. IX, pag. 21. — Pour les étrangers criminels, des traités d'extradition existaient entre la France et plusieurs nations.

religion officiellement reconnue en France. On sait qu'on ne regardait pas les juifs comme citoyens, et l'histoire raconte comment on les traitait. On voit par là jusqu'où les excès du fisc pouvaient se porter impunément (1).

Les protestants éprouvèrent aussi les rigueurs de l'intolérance. Les rois voulurent forcer le retranchement des consciences et obliger tous leurs sujets à suivre la religion de l'État. Les aubains non catholiques furent soumis aux mêmes vicissitudes de douceur ou de sévérité que les Français non catholiques. On défendit aux ministres protestants étrangers de remplir leurs fonctions et de prêcher en France. Un édit de 1680 interdit aux catholiques tout mariage avec des protestants.

Les aubains jouissaient de quelques faveurs.

Ainsi, les écoliers allemands qui étudiaient dans certaines universités du royaume ne devaient point être recherchés pour leur religion. Ainsi, trois mois après la révocation de l'édit de Nantes, cette faute immense que Louis XIV commit de bonne foi, un arrêt du conseil permettait « à tous marchands et autres étrangers protestants, de quelque religion qu'ils fussent, d'entrer dans le royaume avec leurs femmes, enfants, domestiques et autres de leur nation, leurs hardes et marchandises, y séjourner, aller et venir dans les villes et lieux d'icelui, et en sortir avec les mêmes libertés qu'ils ont fait par le passé (2). » Ainsi encore,

---

(1) Montesquieu, *Esprit des lois*, liv. XXI, ch. xv.
(2) Isambert, t. XIX, p. 540. (Versailles, 11 janvier 1686.)

pendant qu'on faisait démolir jusqu'aux fondements les temples où on avait célébré des mariages entre catholiques et protestants, ceux où l'on avait tenu des discours séditieux, ceux qui se trouvaient dans une ville dotée d'un archevêché ou d'un évêché, enfin, aux termes de l'édit de révocation, tous les temples qui restaient debout, les étrangers habitant Paris, plus heureux que les religionnaires parisiens, pouvaient se rendre aux chapelles des ambassadeurs protestants.

Contre toutes ces rigueurs s'élevaient, de divers côtés (1), des protestations chaque jour plus nombreuses. Les idées se modifiaient, et, en 1787, un édit de Louis XVI rendit aux protestants leur état civil. Les Français ou aubains non catholiques purent, en remplissant certaines formalités, contracter de valables mariages, ayant dans l'ordre civil, à l'égard des contractants et de leurs enfants, les mêmes effets que les unions contractées par les catholiques. Pour les publications, les oppositions, les déclarations, on dut s'adresser ou aux curés et vicaires, ou aux officiers de justice. Les Français ou aubains non catholiques, établis et domiciliés dans le royaume, déjà mariés, et par conséquent illégitimement mariés, avaient, pour faire régulariser leur situation, une année, à compter du jour de la publication et de l'enregistrement de l'édit dans celle des cours dans le ressort de laquelle ils étaient domiciliés. Une déclaration du 2 janvier 1789 prorogea ce délai jusqu'au 1er janvier 1790. Les protestants pouvaient donc désormais acqué-

---

(1) Fénelon. — Saint-Simon. — Voltaire. — Turgot.

rir, pour eux et pour leurs enfants, la jouissance de tous les droits résultant du mariage légitime, à dater du moment de leur union.

L'édit de 1787 protégeait contre l'insulte les convois mortuaires des Français ou aubains non catholiques, et chargeait les prévôts des marchands, maires, échevins, capitouls, syndics ou autres administrateurs des villes, bourgs et villages, de destiner dans chacun des dits lieux un terrain convenable et décent pour l'inhumation des regnicoles ou aubains demeurant ou voyageant en France (1).

Louis XVI attachait à ces mesures sages et libérales son nom vertueux, que devait consacrer l'immortalité d'une immense infortune.

---

(1) Isambert, t. XXVIII, p. 172.

CHAPITRE VI

La Révolution acheva d'un coup les réformes que la royauté opérait lentement. Son œuvre devait subsister, malgré les lamentables excès qui pendant trop long-temps répandirent partout la terreur.

On brisa les entraves du commerce et on renouvela la suppression des jurandes. On décida que nul ne se-rait inquiété pour ses opinions religieuses, et on garan-tit, comme droits naturels et civils :

« La liberté à tout homme d'aller, de rester, de partir, sans pouvoir être arrêté ou détenu que selon les formes déterminées par la Constitution ;

« La liberté à tout homme de parler, d'écrire, d'im-primer et publier ses pensées, sans que ses écrits pus-sent être soumis à aucune censure ni inspection avant leur publication (1). »

Pusieurs décrets promettaient en même temps aux étrangers protection pour leur personne et pour leurs biens, et leur accordaient même certains priviléges.

Ainsi, tandis qu'on abolissait toutes les distinctions honorifiques et qu'un même niveau passait sur la na-tion, on laissait aux aubains leurs titres, leurs livrées

---

(1) Constitution, 3-14 sept. 1791. — Duvergier, t. III, p. 280.

et leurs armoiries (1). Tandis qu'on mettait en vente les propriétés du clergé, des corporations supprimées, des émigrés, on respectait les biens possédés en France par des étrangers (2). Tandis qu'on interdisait aux Français non négociants la libre sortie du royaume, les étrangers étaient assimilés aux négociants français et, moyennant quelques formalités, pouvaient aisément quitter la France (3).

Sous l'effort des idées nouvelles le droit d'aubaine devait succomber. Il succomba. Déjà presque détruit par la royauté, il rapportait au Trésor, en l'année 1787, la somme dérisoire de 40,000 écus. Tout le monde sait comment Montesquieu qualifiait ce droit, comment Turgot, de Vergennes, Necker voulaient déchirer ce lambeau de l'ancienne servitude.

Ces protestations n'étaient pas les premières qui se fissent entendre. Maynard, en ses arrêts notables, cite une plaidoirie qui blâmait sévèrement le droit d'aubaine.

« On ne peut sans rougir dénier aux étrangers la faculté de disposer et de tester des biens qu'ils ont en France, puisqu'on leur permet d'y vivre, trafiquer, acquérir.... voire donner entre-vifs; car même le droit civil permet à un chacun de mourir avec ce contentement qu'il est roi et maître de ses biens .... Le seul étranger se voit mourir comme esclave, du labeur duquel

______

(1) Décret qui abolit la noblesse héréditaire, 10-23 juin 1790. — Duvergier, t. I, p. 217.

(2) Décret relatif à la vente et à l'administration des biens nationaux, 28 oct., 5 nov. 1790. — Duvergier, t. I, p. 420.

- (3) Décret qui indique les formalités à observer pour sortir du royaume, 28-29 juin 1791. — Duvergier, t. III, p. 68.

on fait tel dessein que de plusieurs animaux immondes, dont nous supportons les infections, pour en avoir et la graisse et le lard. L'ancienne loi, les prophètes, les saints Pères nous ont recommandé les étrangers ; la charité de la loi chrétienne nous ordonne de les chérir et nous les traitons comme esclaves ou ennemis !. »

Lemaistre, le grand avocat du dix-septième siècle, qui devait un jour abandonner le monde pour la solitude, le Palais pour Port-Royal, les glorieuses luttes du barreau pour les humbles exercices de la pénitence, ne craignit pas, dans une cause que l'intervention d'un ambassadeur rehaussait singulièrement, de condamner éloquemment le droit d'aubaine.

« N'est-il pas constant, disait-il (1), que les rois n'ont établi le droit d'aubaine dans cet État qu'à cause que la plupart des princes l'avaient établi dans leurs royaumes ? Les docteurs français le disent en termes exprès ; il est bien certain que la France n'en userait pas, si les autres princes n'en usaient point. Car il est plus juste en soi de rendre à des étrangers le bien de leurs pères ou frères que de le retenir, sous ombre qu'ils ne sont pas citoyens. Il serait très-raisonnable que le droit du sang, qui fait succéder partout les enfants aux pères et les héritiers légitimes à leurs plus proches parents, fût conservé dans tous les royaumes qui ont alliance ensemble, et que l'autorité de la nature, qui est égale partout, qui n'est point bornée par les montagnes ni par les mers,

____

(1) *De l'Éloquence judiciaire au dix-septième siècle*, par M. Oscar de Vallée, p. 350, 351, 352. Voyez aussi ce que Lemaistre disait dans un discours relatif aux substitutions, p. 184.

qui régit tous les hommes, fût également révérée parmi les peuples.

« Nous voyons dans Aristote qu'Hippodame avait établi des magistrats pour avoir soin des biens des étrangers, comme s'il avait voulu les conserver à leurs parents, et Diodore de Sicile rapporte que les Indiens avaient établi des juges pour les causes des étrangers, lesquels avaient un extrême soin d'empêcher qu'on ne leur fît quelque tort et quelque injustice et après leur mort rendaient à leurs parents tout l'argent qu'ils avaient laissé.

« Mais pourquoi chercher des exemples anciens, puisque, de notre siècle, nous voyons qu'une petite république (celle de Genève) a ordonné, par un décret solennel, que l'on ferait inventaire de tous les biens d'un étranger mort et qu'on les garderait deux ans pour les rendre à ses héritiers! »

L'Assemblée constituante fit définitivement disparaître le droit d'aubaine.

Un décret du 6 août 1790 est ainsi conçu :

« L'Assemblée nationale, considérant que le droit d'aubaine est contraire aux principes de fraternité qui doivent lier tous les hommes, quels que soient leur pays et leur gouvernement; que ce droit, établi dans des temps barbares, doit être proscrit chez un peuple qui a fondé sa constitution sur les droits de l'homme et du citoyen, et que la France libre doit ouvrir son sein à tous les peuples de la terre, en les invitant à jouir, sous un gouvernement libre, des droits sacrés et inaliénables de l'humanité, a décrété et décrète ce qui suit :

. « Art. 1er. Le droit d'aubaine et celui de détraction sont abolis pour toujours.

« Art. 2. Toutes procédures, poursuites et recherches qui auraient ces droits pour objet sont éteintes (1). »

Un décret du 8 avril 1791 (2) ajoute que « les étrangers, quoique établis hors du royaume, sont capables de recueillir en France les successions de leurs parents même Français; ils pourront de même recevoir et disposer par tous les moyens qui seront autorisés par la loi. »

La constitution du 3 septembre 1791 rappela l'abolition du droit d'aubaine. « Les étrangers, établis ou non en France, succèdent à leurs parents étrangers ou Français. Ils peuvent contracter, acquérir et recevoir des biens situés en France et en disposer de même que tout citoyen français par tous les moyens autorisés par les lois. »

La constitution ouvrait très-larges aux étrangers les portes de la cité française.

On regarde comme citoyens :

Ceux qui sont nés en France d'un père français;

Ceux qui, nés en France d'un père étranger, ont fixé leur résidence dans le royaume;

Ceux qui, nés en pays étranger d'un père français, sont venus s'établir en France et ont prêté le serment civique.

Enfin ceux qui, nés en pays étranger et descendant à quelque degré que ce soit d'un Français ou d'une Fran-

---

(1) Duvergier, t. I, p. 272.
(2) *Ibid.*, t. II, p. 287.

6.

çaise expatriés pour cause de religion, viennent demeurer en France et prêtent le serment civique.

Les étrangers proprement dits, c'est-à-dire ceux qui sont nés hors du royaume de parents étrangers, deviennent citoyens français après cinq ans de domicile continu dans le royaume, s'ils y ont, en outre, acquis des immeubles, ou épousé une Française, ou fondé un établissement d'agriculture ou de commerce, et s'ils ont prêté le serment civique.

De plus, « le pouvoir législatif peut, pour des considérations importantes, donner à un étranger un acte de naturalisation, sans autres conditions que de fixer son domicile en France et d'y prêter le serment civique (1). »

Ainsi, le 26 août 1792, un décret conféra le titre de citoyens français à plusieurs étrangers, dont la Révolution voulait récompenser les services :

« L'Assemblée nationale, considérant que les hommes qui, par leurs écrits et par leur courage, ont servi la cause de la liberté et préparé l'affranchissement des peuples, ne peuvent être regardés comme étrangers par une nation que ses lumières et son courage ont rendue libre ;

« Considérant que, si cinq ans de domicile en France suffisent pour obtenir à un étranger le titre de citoyen français, ce titre est bien plus justement dû à ceux qui, quel que soit le sol qu'ils habitent, ont consacré leurs bras et leurs veilles à défendre la cause des peuples contre le despotisme des rois, à bannir les préjugés

---

(1) Duvergier, t. III, p. 289.

de la terre et à reculer les bornes des connaissances humaines;

« Considérant que, s'il n'est pas permis d'espérer que les hommes ne forment un jour, devant la loi comme devant la nature, qu'une seule famille, une seule association, les amis de la liberté, de la fraternité universelle, n'en doivent pas moins être chers à une nation qui a proclamé sa renonciation à toutes conquêtes et son désir de fraterniser avec tous les peuples;

« Considérant enfin qu'au moment où une Convention nationale va fixer les destinées de la France et préparer peut-être celles du genre humain, il appartient à un peuple généreux et libre d'appeler toutes les lumières et de déférer le droit de concourir à ce grand acte de raison à des hommes qui, par leurs sentiments, leurs écrits et leur courage, s'en sont montrés éminemment dignes;

« Déclare déférer le titre de citoyens français, etc. (1). »

Même non naturalisés, les étrangers qui se trouvaient en France « étaient soumis aux mêmes lois criminelles et de police que les citoyens, sauf les conventions arrêtées avec les puissances étrangères. »

On voit que, dans cette première période, la Révolution se montre disposée à respecter et à protéger la personne, les biens, l'industrie, le culte des étrangers. (Titre VI, Constitution 1791.)

D'un autre côté, les communications plus faciles entre les villes du royaume, depuis le milieu du dix-huitième siècle, attiraient les étrangers, et André Ché-

---

(1) Duvergier, t. IV, p. 388.

nier, en vantant tous les charmes de la France, n'oubliait pas :

... Ces vastes chemins, en tous lieux départis,
Où l'étranger, à l'aise achevant son voyage,
Pense au nom des Trudaine et bénit leur ouvrage (1).

L'acte constitutionnel du 24 juin 1793 (2) facilita encore les moyens de devenir Français.

« Tout étranger, âgé de vingt et un ans accomplis, qui, domicilié en France depuis une année, y vit de son travail, ou acquiert une propriété, ou épouse une Française, ou adopte un enfant, ou nourrit un vieillard, tout étranger enfin, qui sera jugé par le Corps législatif avoir bien mérité de l'humanité, est admis à l'exercice des droits de citoyen français. »

L'acte constitutionnel, développant ces idées de fraternité, déclare que « le peuple français est l'ami et l'allié naturel des peuples libres. Il donne asile aux étrangers bannis de leur patrie pour la cause de la liberté. Il le refuse aux tyrans. »

Bientôt, néanmoins, on commença à exercer sur les étrangers une active surveillance. Des menaces de confiscation, d'arrestation, d'expulsion furent lancées contre eux.

Un décret du 23 messidor an III (3) chassait de France, non-seulement tous les étrangers nés dans les pays avec lesquels la République se trouvait en guerre et venus en France depuis le 1ᵉʳ mai 1792, mais tous

---

(1) *Hymnes et Odes*, I, à la France.
(2) Duvergier, t. V. p. 352.
(3) *Ibid.*, t. VIII, p. 185.

ceux qui, « se prétendant nés dans les pays amis ou neutres, ne seraient pas reconnus et avoués par leurs ambassadeurs respectifs. »

On autorise le séjour en France :

1° « Des étrangers nés dans les pays avec lesquels la République est en guerre, venus en France avant le 1ᵉʳ janvier 1792, pourvu qu'ils aient un domicile certain, ou qu'ils soient garantis par quatre des citoyens français domiciliés et connus par leur patriotisme et leur probité;

2° « Des étrangers nés dans les pays amis et alliés de la France, qui seront avoués par les ambassadeurs ou agents des puissances avec lesquelles la République française est en paix. »

On décida, pour éviter les erreurs, « qu'il serait délivré à chaque étranger une carte portant son signalement et, en tête, ces mots : Hospitalité — sûreté. On ajoutera, pour les étrangers nés dans les pays avec lesquels la République est en paix, le mot : Fraternité. »

L'article 8 du décret du 23 messidor déclarait que tout étranger trouvé dans un rassemblement séditieux serait, par ce seul fait, réputé espion et puni comme tel.

En même temps, on soumettait les étrangers à une contribution personnelle annuelle de cinq livres et à de nombreuses taxes somptuaires (1). D'un autre côté, le besoin d'argent faisant créer une tontine nationale, on permettait aux étrangers d'y placer leurs fonds et on leur promettait que, dans aucun cas, « leur rente ne sé-

---

(1) Décret du 7 thermidor an III. Duvergier, t. VIII, p. 199.

rait sujette à confiscation ni suspension de payement. »
Les finances obérées de la République plaidaient la
cause des étrangers (1).

La constitution du 5 fructidor an III (2), suivant la
pente moins favorable aux étrangers, qui se dessinait
depuis quelque temps, rendit plus âpres et plus escar-
pées les routes qui pouvaient conduire les étrangers à
la nationalité française. Il fallut un stage plus long.

« L'étranger, dit l'article 10, devient citoyen français
lorsque, après avoir atteint l'âge de vingt et un ans
accomplis et avoir déclaré l'intention de se fixer en
France, il y a résidé pendant sept années consécutives,
pourvu qu'il y paye une contribution directe, et qu'en
outre il y possède une propriété foncière ou un établissement d'agriculture ou de commerce, ou qu'il y ait
épousé une Française. »

Peu de temps après, le Code des délits et des peines
réglait la situation des étrangers qui avaient commis,
hors de France, des actes punis par les lois.

Déjà, le 3 septembre 1792 (3), on avait décidé
« qu'il ne serait détenu sur les galères de France aucun étranger pour crimes commis hors du territoire
français. »

L'Assemblée législative déclarait que les étrangers,
prévenus de délits commis dans leur patrie, ne pouvaient être légalement jugés que selon les lois de leur
pays, et que les peines ne doivent avoir lieu que là où
les crimes ont été commis.

---

(1) Décret du 26 messidor an III. Duvergier, t. VIII, p. 189.
(2) Duvergier, t. VIII, p. 223.
(3) *Ibid.*, t. IV, p. 413.

Le Code des délits et des peines (1) s'inspira des mêmes principes.

Sauf pour les contrefaçons, ou altérations, ou falsifications de monnaies nationales, les étrangers qui ont commis des délits hors du territoire de la République ne peuvent être jugés ni punis en France. Mais, sur la preuve des poursuites faites contre eux dans les pays où ils ont failli, « si les délits qu'on leur reproche sont du nombre de ceux qui attentent aux personnes ou aux propriétés, et qui, d'après les lois françaises, emportent peine afflictive ou infamante, ils sont condamnés par les tribunaux correctionnels à sortir du territoire français, avec défense d'y rentrer jusqu'à ce qu'ils se soient justifiés devant les tribunaux compétents. »

Du reste, dans ces temps troublés, indépendamment même de toute action délictueuse, l'étranger, sur un simple soupçon, était souvent expulsé d'un département ou du territoire.

Ainsi une loi du 21 floréal an IV (2) chassait du département de la Seine, sous peine de la déportation, tous les particuliers, nés hors du territoire de la République, qui ne seraient pas attachés par leurs fonctions au corps diplomatique, ou qui ne se seraient pas établis dans le département de la Seine avant le 14 juillet 1789.

Ces mesures vexatoires furent temporaires. Une loi

---

(1) Duvergier, t. VIII, p. 386. Cette matière est régie aujourd'hui par la loi du 27 juin 1866, qui a abrogé et remplacé par de nouvelles dispositions les art. 5, 6, 7 et 187 du Code d'instruction criminelle.

(2) *Ibid.*, t. IX, p. 97.

du 11 messidor an V (1) effaça les derniers vestiges de
la loi du 21 floréal an IV. On se contenta d'obliger les
étrangers, qui voyageaient ou résidaient momentanément en France, à se munir de passe-ports réguliers et
à les faire souvent vérifier ou renouveler. Le Directoire
pouvait d'ailleurs retirer ces passe-ports et enjoindre
aux étrangers de quitter le territoire français, s'il jugeait leur présence susceptible de troubler l'ordre
public.

La Constitution du 22 frimaire an VIII (2) multiplia
les entraves que rencontrait l'étranger pour devenir
Français.

On demande, non plus sept ans, mais dix années de
stage. « Un étranger devient citoyen français, lorsque,
après avoir atteint l'âge de vingt et un ans accomplis
et avoir déclaré l'intention de se fixer en France, il y a
résidé pendant dix années consécutives. »

Un sénatus-consulte organique de l'an XI (3) établit
qu'après un an de domicile, les étrangers « qui ren-
draient ou qui auraient rendu des services importants à
la République, qui apporteraient dans son sein des talents, des inventions ou industries utiles, ou qui forme-
raient de grands établissements, pourraient être admis
à jouir des droits de citoyens français. » Cette faveur
était conférée par un arrêté du gouvernement pris sur
le rapport du ministre de l'intérieur, le conseil d'État

---

(1) Duvergier, t. IX, p. 386. Voy. loi du 9 prairial an V, art. 2. Duv.,
t. IX, p. 370.
(2) *Ibid.*, t. XII, p. 20.
(3) *Ibid.*, t. XIII, p. 312. Voy. un avis du conseil d'État du
20 prairial an XI. Duv. t. XIV, p. 171.

entendu. L'impétrant se présentait devant la municipalité de son domicile pour y prêter le serment d'être
fidèle au gouvernement établi par la Constitution.

Ce sénatus-consulte devait s'appliquer pendant cinq
années seulement.

Nous touchons au Code civil. Le sénatus-consulte est
du 18 octobre 1802. Le titre du Code civil qui s'occupe
des étrangers fut soumis aux discussions du conseil
d'État dès le 25 juillet 1801, adopté par le Corps législatif le 8 mars 1803, et promulgué le 18 mars de la
même année.

CHAPITRE VII

Le but que se proposait l'Assemblée constituante
par la loi de 1790, relative à l'abolition du droit d'aubaine, ne fut pas atteint. La pensée philanthropique
dont elle était animée ne fut point comprise. Les peuples
ne suivirent pas la route tracée par la France. Au reste,
quel avantage avaient-ils à le faire? Leur intérêt les
poussait dans une voie contraire. Ils avaient tout
obtenu sans rien donner. Ils se sentaient peu disposés
à faire d'inutiles concessions. Ajoutez que l'abolition
définitive du droit d'aubaine était l'œuvre de la Révolution et que la Révolution était très-mal vue des gouvernements étrangers.

La France resta donc, sous ce rapport, dans un
généreux isolement. Les rédacteurs du Code civil le
constatèrent et voulurent mettre fin à cette fâcheuse
situation.

« Depuis l'abolition absolue du droit d'aubaine de la
part de la France, disait M. Treilhard au Corps législatif, de tous les peuples qui n'avaient pas auparavant
traité avec elle il n'en est pas un seul qui ait changé sa
législation. Ils n'avaient plus besoin de faire participer
chez eux les Français à la jouissance des droits civils

pour obtenir la même participation en France. Aussi ont-ils maintenu, à cet égard, toute la sévérité de leur législation, en sorte qu'il est actuellement prouvé que, si l'intérêt général des peuples sollicite en effet l'abolition entière du droit d'aubaine, il faut, pour ce même intérêt, établir une loi de réciprocité, parce que seule elle peut amener le grand résultat que l'on désire (1). »

Voilà dans quelles circonstances, avec quels sentiments, on régla la condition des étrangers en France.

On admit sans difficulté que les lois de police et de sûreté obligent tous ceux qui habitent le territoire français. L'étranger, par ce seul fait qu'il se trouve, même momentanément, en France, est soumis à ces lois, qu'il les connaisse ou qu'il les ignore. La sécurité des personnes et des propriétés, la tranquillité publique, le bon ordre, dans l'acception la plus large de ce mot, l'exigent ainsi. Nul n'est censé ignorer la loi. Cependant cette maxime rigoureuse fléchit devant un cas de force majeure; car, si nul n'est censé ignorer la loi, nul n'est tenu à l'impossible.

Une autre règle, commandée aussi par l'utilité générale, décide que les immeubles situés sur le territoire français, sont régis par la loi française, quelle que soit la nationalité du propriétaire ou du possesseur. Il eût été dangereux, au point de vue politique et social, de tolérer le contraire. Des germes de féodalité auraient pu renaître au milieu d'une société nouvelle et ébranler l'édifice élevé par la Révolution. Les mêmes raisons n'existent point pour les meubles, et nous croyons

---

(1) Locré, *La Législation civile*, t. II, p. 323.

qu'ils sont soumis à la loi étrangère, sauf dans le cas spécial de l'article 2 de la loi de 1819. Le but de cette disposition législative justifie l'exception.

Nous rappelons enfin que la forme des actes passés en France par un étranger est déterminée par la loi française : *Locus regit actum.*

Le conflit entre la loi française et la loi étrangère devient beaucoup plus grave, quand il s'agit du statut personnel.

L'article 3 du Code civil veut que les lois, réglant l'état et la capacité des personnes, régissent les Français, même résidant en pays étranger. Faut-il dire aussi que les lois étrangères, réglant l'état et la capacité des personnes, suivent les étrangers en France? Tout nous porte à le penser. Cette réciprocité est logique et équitable. Si le Code civil ne l'a pas consacrée, c'est qu'il ne pouvait pas s'immiscer dans les législations étrangères. Mais il est juste, peut-être même utile, d'accorder aux étrangers ce que nous demandons pour nos nationaux. Je ne vais pourtant pas aussi loin que certains auteurs, et il me semble impossible de laisser des lois immorales pénétrer impunément dans notre pays. Selon nous, en règle générale, la loi personnelle étrangère suit l'étranger. Cependant si cette loi trouble l'ordre public, outrage la morale, elle s'arrête aux frontières de la France. Du reste, il faut trancher avec beaucoup de prudence ces délicates questions, et ne pas empêcher un étranger, qui a divorcé régulièrement dans son pays, d'épouser une Française, sous prétexte que le divorce n'est pas admis en France. L'équité s'oppose à de semblables sévérités.

Parlons maintenant des droits que la France accorde aux étrangers.

Les étrangers jouissent de toutes les libertés publiques : liberté de conscience, liberté de la presse, etc... Cependant, en ce qui concerne la liberté de la presse, si l'étranger peut manifester sa pensée par la voie des journaux, on ne lui permet pas de publier un journal, quand même il aurait obtenu l'autorisation d'établir son domicile en France.

Les droits politiques sont refusés aux étrangers, qui ne peuvent remplir aucune fonction publique, qui voient même la profession d'avocat, toute libre qu'elle est, se fermer impitoyablement devant eux.

Les règles relatives aux droits civils sont fixées par les articles 8 et 11 du Code civil.

Art. 8. Tout Français jouira des droits civils.

Art. 11. L'étranger jouira en France des mêmes droits civils que ceux qui sont ou seront accordés aux Français par les traités de la nation à laquelle cet étranger appartiendra.

De ces deux textes rapprochés il résulte que les droits civils sont faits pour les Français; que l'étranger aura seulement ceux de ces droits que lui assureront les traités. Les rédacteurs du Code ont adopté un système de réciprocité diplomatique. Il ne dépend pas des puissances étrangères de régler par leurs lois la condition de leurs nationaux en France. Il faut un accord entre ces gouvernements et le nôtre; il faut un traité.

Pour se convaincre que l'article 11 a bien réellement le sens restrictif que comporte son texte, il n'est pas inutile de se rappeler qu'à cette époque on voulait cor-

riger un peu les résultats qu'avait produits l'enthou-
siasme philanthropique mais aveugle de l'Assemblée
constituante. Les travaux préparatoires du Code civil
ne laissent aucun doute à cet égard. Je cite seulement
les documents officiels.

« C'est au principe de la réciprocité que nous nous
sommes attachés ; c'est lui que nous avons admis comme
règle générale, disait M. Boulay de la Meurthe, en
présentant au Corps législatif le premier exposé de
motifs du titre relatif à la jouissance et à la privation
des droits civils (1). »

Et dans un nouvel exposé de motifs, M. Treilhard
exprimait des sentiments analogues.

« L'admission indéfinie des étrangers peut avoir
quelques avantages ; mais nous ne savons que trop
qu'on ne s'enrichit pas toujours des pertes ou des dé-
sertions de ses voisins, et qu'un ennemi peut faire des
présents bien funestes. On sera du moins forcé de con-
venir que le principe de la réciprocité d'après les traités a cet avantage bien réel que les traités étant sus-
pendus par le seul fait de la déclaration de guerre,
chaque peuple redevient le maître, dans ces moments
critiques, de prendre l'intérêt du moment pour unique
règle de sa conduite. . . . .

. . . .

« Ces motifs puissants, ajoutait-il, ont déterminé la
disposition du projet, qui *n'assure en France à l'étranger que les mêmes droits civils* accordés aux Français par

---

(1) Locré, t. II, p. 223.

les traités de la nation à laquelle les étrangers appartiennent (1). »

Enfin, dans un discours prononcé devant le Corps législatif par le tribun Gary, chargé de faire connaître le vœu du Tribunat, voici ce que nous lisons :

« Il faut distinguer le cas où une nation règle les intérêts de ses propres citoyens de celui où elle statue sur ses rapports avec les nations étrangères.

« Quand elle s'occupe de ses propres citoyens, quand elle travaille sur elle-même, elle peut, sans péril, s'abandonner aux vues les plus libérales. Plus elle élève l'âme de ses citoyens, plus elle s'élève elle-même. Tout ce qu'elle fait pour les porter à la grandeur et à la gloire, elle le fait pour sa propre grandeur et pour sa propre gloire.

« Mais quand elle règle ses rapports avec les autres peuples, sa générosité avec eux serait souvent ou danger pour elle-même ou injustice pour les habitants de son territoire.

« Le droit civil qui régit les nations entre elles est dans leurs traités. Si l'une ne veut s'affaiblir ou se nuire, elle doit considérer ce que les autres font pour elle avant de se prescrire ce qu'elle doit faire à leur égard.

« C'est déjà un beau mouvement, un grand pas fait vers le bien de l'humanité, vers le rapprochement universel des peuples que de leur assurer d'avance tous les avantages qu'ils nous accorderont par leurs traités. Puisse cette déclaration solennelle faire disparaître la

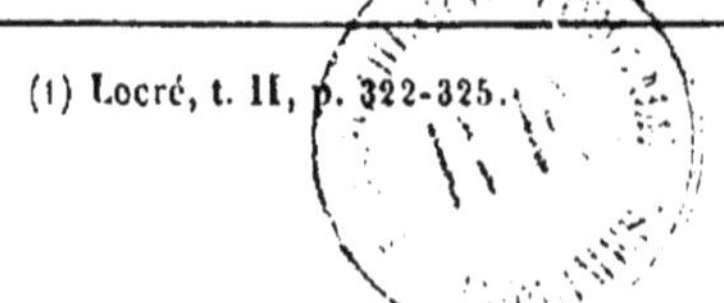

____

(1) Locré, t. II, p. 322-325.

barrière que la paix même laisse encore entre quelques
nations civilisées. Mais jusqu'à ce qu'elles aient répondu
à cet appel, nous n'immolerons pas les intérêts de notre
propre famille à ceux d'une famille étrangère. Il est une
bienveillance au-dessus de cette bienveillance générale
qui embrasse le genre humain. C'est celle que nous
devons à notre patrie, à nos concitoyens. Nous régle-
rons sur la faveur et la protection qu'on leur accordera
celles qu'en aura à espérer de nous (1). »

C'est dans le même sens qu'en 1819 le garde des
sceaux comprenait l'article 11, quand il proposait à la
Chambre des pairs l'abrogation des articles 726 et 912
du Code civil :

« L'incapacité dont les articles 726 et 912 du Code
civil ont frappé les étrangers étant fondée, disait-il,
sur l'article 11 *qui ne leur accorde que les droits civils
dont nous jouissons chez eux*, on a examiné si l'on
abrogerait aussi cet article 11. On n'y a vu aucun
avantage.

« Ce que nous désirons, ce sont des étrangers qui,
devenant propriétaires dans le royaume, s'y fixeront
naturellement, ou apporteront des capitaux desquels
nous profiterons, quand même leurs propriétaires ne se
fixeront pas parmi nous. Le but sera atteint, si nous
leur rendons le libre et entier exercice du droit de propriété, en levant l'interdiction de disposer et de recueillir, qui restreint et asservit ce droit dans leurs
mains. Les autres droits civils n'ont rien de commun
avec celui qu'il nous est avantageux de leur restituer.

____

(1) Locré, t. II, p. 341.

Ce n'est pas par un mouvement de générosité que nous voulons effacer des différences relatives aux successions et aux transmissions de biens. C'est par calcul. Il ne faut donc effacer que celles qui peuvent dissuader les étrangers d'acquérir. Ils n'ont besoin pour cela ni des droits politiques, dont nous devons être avares, ni même de la plénitude des droits civils. Ces derniers toutefois sont assurés par l'article 13 du Code civil à l'étranger qui résidera en France, après avoir obtenu l'autorisation du roi d'y établir son domicile (1). »

Le législateur de 1819 donnait donc une sorte de consécration nouvelle à l'interprétation littérale de l'article 11.

Malgré cet article, malgré les documents que nous avons cités, par conséquent malgré le texte et malgré l'esprit de la loi, d'éminents jurisconsultes, cédant aux sentiments de leur cœur, se laissant entraîner par des vues humanitaires dont personne ne conteste l'élévation, ont cherché et, comme leur imagination était capable de généreuses inventions, ont trouvé, formulé, proposé un système qui contient sans doute d'utiles vérités, mais dont la doctrine viole le texte et l'esprit de la loi.

Ils ont dit : la capacité est la règle ; l'incapacité, l'exception ; l'incapacité ne se présume jamais. Donc les étrangers jouissent en France de tous les droits civils qui ne leur sont pas formellement refusés. L'article 11 s'applique seulement à ceux de ces droits qui sont exclusivement réservés aux Français.

---

(1) Locré, t. X, p. 500.

7.

Les partisans de ce système (1), après avoir ainsi altéré le sens de l'article 11, prétendent que leur ingénieuse audace est conforme à l'intention du législateur, et ils croient trouver la justification de leur aventureuse théorie dans les travaux préparatoires du Code civil.

Je laisse la parole à M. Mourlon.

« Quoi! dirent plusieurs orateurs du Tribunat, les étrangers n'auront en France la jouissance d'aucun de nos droits civils! Ils seront donc au milieu de nous comme des morts civilement. Ne leur sera-t-il point permis de se marier, d'ester en justice ?.... Cela serait absurde et ce n'est certainement pas la pensée du projet. » On convint sur ces observations que la jouissance des droits civils ne serait pas donnée exclusivement aux Français à l'exclusion des étrangers.

« Le Tribunat demanda que la loi énumérât limitativement quels étaient les droits que l'on entendait réserver aux Français, dont la jouissance n'appartiendrait pas aux étrangers. Cette proposition ne fut pas admise; mais le motif qui la fit repousser est décisif ! « On objecte, dit M. Grenier, que la loi ne détermine pas assez quels sont les droits civils. Mais il y a une détermination exacte.... Les droits dont les étrangers seront privés seront marqués dans les titres du Code qui y auront trait. On ne les oubliera certainement pas, lorsqu'il sera question de la faculté de tester, de la capacité de recevoir par testament, de succéder... Mais dans un titre où il s'agit uniquement de la jouissance

---

(1) Ce système a été brillamment exposé par M. Demangeat (*De la condition civile des étrangers*).

des droits civils, cette énumération n'est pas nécessaire (1). »

Avant de voir ce qu'il y a de vrai et de faux dans
cette opinion, nous devons signaler un autre système
qui sépare les droits civils des droits naturels. Cette distinction est logique; mais on donne peut-être trop
d'importance à une théorie qui doit être non pas la
base, mais le soutien philosophique des règles adop-
tées par le Code. Nous nous contenterons, en exposant
le système qui seul nous semble refléter les véritables
intentions du législateur, de rendre à cette division la
place qu'elle doit occuper.

Quant à la première opinion, nous ne craindrons pas
de reconnaître ce qu'elle avance d'exact. Ainsi, lorsqu'on nous dit que certains droits sont réservés aux
Français, d'autres, accordés aux Français et aux étrangers, on a raison; on se trompe seulement, suivant
nous, dans la classification de ces droits. Quand on
proclame que l'incapacité ne se présume pas, on rap-
pelle une vérité que nous ne contestons point; mais on
néglige trop l'article 11 dont le sens suffisamment restrictif nous permet de constater et non pas de présumer
l'incapacité des étrangers.

Nous cherchons donc dans les rangs de nos adversaires et nous adoptons tout ce qui nous paraît conforme à la vérité. Nous savons en effet qu'aucun système n'est absolument faux. Le véritable système est
celui qui, sans parti pris à l'avance, résume en lui tous
ces débris de vérités semés dans les différentes opinions

______

(1) *Répétitions écrites sur le premier examen*, p. 80.

et qui, les rapprochant, forme un tout harmonieux, sans s'occuper de savoir d'où viennent les morceaux qui composent la statue.

« On raconte, dit M. Émile Augier, dans un discours célèbre par les incidents qui ont précédé son apparition et plus célèbre encore depuis qu'on a pu le connaître, qu'une Minerve antique fut retrouvée pièce à pièce par des fouilles successives sur un espace de terrain considérable. Chacun des heureux inventeurs fit achever par un statuaire de son pays chaque tronçon découvert, de sorte qu'on eut dix statues médiocres, enchâssant chacune un morceau du chef-d'œuvre, ainsi condamné à la dispersion définitive.

« Ne serait-ce pas un peu l'histoire de la vérité? Chaque parti en possède un morceau autour duquel il a modelé tout un système; chaque parti adore son œuvre et déteste celle de son voisin ; on se hait, on se méprise, on se bat pour ou contre un fragment de vérité, quand il serait si simple de rassembler les membres épars de la déesse et de la reconstituer sur son piédestal (1). »

Telle est l'œuvre que nous voulons accomplir dans la sphère étroite de notre travail. Le système que nous adoptons n'aura donc pour lui ni le mérite ni les charmes de l'invention. Il est l'écho des vérités contenues dans le Code ou dans les discours de ceux qui l'ont rédigé. Nous ne nous occupons pas de savoir s'il est d'accord avec les idées philanthropiques dont on fait étalage aujourd'hui. L'horloger, qui écoute le mou-

____

(1) Discours de M. Émile Augier à l'Académie française pour la réception de M. Émile Ollivier. — Ce discours n'a pas été prononcé. Il a été publié dans les journaux. (7 mars 1874.)

vement d'une montre, s'abstrait tellement dans cette audition qu'il n'entend plus le bruit des cloches, quelque rapprochées qu'elles soient de sa demeure. Ainsi faisons-nous, prenant la loi telle qu'elle se présente à nous et l'étudiant en elle-même, sans écouter les bruits extérieurs.

S'il s'agissait de présenter un projet devant l'Assemblée nationale, c'est alors qu'on pourrait produire de nouvelles doctrines plus conformes peut-être aux tendances humanitaires de notre siècle. Mais aujourd'hui il s'agit uniquement de chercher le sens de la loi. *Dura lex,* soit; mais enfin c'est la loi.

D'ailleurs, cette loi est-elle aussi rigoureuse qu'on le prétend? Il ne faut pas isoler les articles 8 et 11. Par l'article 11, le législateur n'a pas voulu diminuer le pouvoir des lois françaises qui, indépendamment des traités, peuvent assurer aux étrangers tels ou tels droits civils. Cicéron, plaidant pour Cornélius Balbus et indiquant les priviléges des villes fédérées, montrait aux juges que ces priviléges, accordés par Rome, n'ôtaient rien à l'omnipotence des volontés romaines, *non ut aliquid de nostro jure diminueretur.* De même, en dehors des traités, les lois françaises peuvent donner aux étrangers les droits civils en tout ou en partie, avec ou sans condition de réciprocité.

Ces concessions sont expresses ou tacites.

Les concessions expresses sont directes ou indirectes, établissent ou reconnaissent un droit.

C'est établir un droit que de permettre aux étrangers, par une disposition formelle, d'acquérir des actions de la Banque de France, des concessions de minés, d'user des avantages que la loi relative à la propriété littéraire assure aux Français, d'obtenir des brevets d'invention, de succéder, de disposer, de recevoir en France, de la même manière que les Français reçoivent, disposent, succèdent, etc., etc.

Parfois le Code reconnaît un droit plutôt qu'il ne le confère. Ainsi l'étranger peut, en France, se marier, être propriétaire, créancier, ester en jugement. La loi le déclare, non pas en disant : l'étranger pourra se marier, pourra être propriétaire... mais, en faisant allusion à ces droits et en expliquant quels doivent être les effets de ces avantages.

Ajoutons que reconnaître à l'étranger certaines facultés, c'est lui accorder tacitement toutes les conséquences qui découlent de ces facultés principales. On voit par là combien est vaste le champ ouvert devant nous et combien la voie que nous suivons s'élargit, à mesure qu'on avance.

Entrons dans les détails.

L'étrangère, qui aura épousé un Français, dit le Code, suivra la condition de son mari, c'est-à-dire la condition qu'a le mari au moment du mariage. Si donc ensuite il change de nationalité, la femme ne sera point obligée d'accepter les nouvelles patries qu'il plairait à son mari de lui imposer.

De l'article 12 il résulte que la loi française admet le mariage entre Français et étrangers, et toutes les conséquences nécessaires du mariage. Faut-il aller jusqu'à dire, comme on l'a fait, que l'étranger pourra être tuteur en France, adopter un Français ou être adopté par un Français? Ces déductions nous semblent téméraires.

La tutelle et l'adoption sont deux droits spéciaux, deux créations du législateur, deux institutions très-différentes du mariage par leur origine et par leurs caractères. Il me paraît inutile d'insister davantage.

Les articles 3, 14, 15 du Code civil supposent que l'étranger a le droit d'être propriétaire de biens meubles ou immeubles en France, d'être créancier, d'être débiteur selon les lois françaises.

« Or, dit M. Demolombe, dont nous suivons presque entièrement, la doctrine, quelle est logiquement, raisonnablement la conséquence virtuelle et directe de cette faculté principale?

« C'est la concession de tous les droits civils au moyen desquels la propriété des biens s'acquiert et se transmet, au moyen desquels les créances et les dettes se forment et s'éteignent, comme aussi de tous les droits civils relatifs à la preuve des différentes causes, des différents événements par lesquels la propriété est acquise ou aliénée, par lesquels les créances sont constituées ou éteintes.

« Je dis que cette conséquence est virtuelle et directe; et la preuve en est dans l'article 25 qui, en reconnaissant au mort civilement la faculté d'avoir des biens, d'être propriétaire et créancier, avait cru nécessaire de lui refuser expressément quelques-uns des droits civils par lesquels s'exerce et s'utilise cette faculté principale : comme le droit d'acquérir ou de transmettre par donation entre-vifs, par testament, par succession. La loi ne lui avait accordé nulle part le droit de vendre, d'acheter, de prêter, d'hypothéquer, et cette concession particulière n'était pas en effet nécessaire, dès qu'elle lui reconnaissait la faculté principale d'être propriétaire, créancier ou débiteur, faculté impossible et dérisoire, si elle n'avait pas accordé virtuellement les moyens de la pratiquer.

« Une fois donc cette faculté reconnue, c'est par exclusion et non plus par concession qu'il faut procéder, en ce qui concerne les moyens de la mettre en œuvre (1). »

Ainsi de la faculté principale découlent plusieurs facultés secondaires, relatives aux moyens d'acquisition, d'aliénation, d'obligation et de libération, et, si aucun texte n'enlève à l'étranger ces facultés secondaires, il en jouira comme en jouissent les Français.

Par conséquent, à moins de dispositions contraires, il pourra, en France, acquérir et se libérer par prescription, vendre, acheter, hypothéquer, prêter, user du bénéfice de cession de biens, transmettre et disposer par donation entre-vifs ou par testament, succéder *ab intestat* et recevoir des dons ou des legs.

Si le législateur veut lui dénier quelques-uns de ces droits, il doit manifester formellement sa volonté. Aussi a-t-il eu soin de déclarer que les étrangers ne pourront pas user du bénéfice de cession de biens (2). Aussi, d'accord avec les idées qui lui avaient inspiré l'article 11, a-t-il dû insérer dans le Code civil les articles 726 et 912 pour soumettre aux conditions de la réciprocité diplomatique le droit de succéder et de recevoir en France (3).

---

(1) Demolombe, t. 1, p. 383.
(2) Code de procédure civile, art. 905.
(3) Loi du 11 juillet 1819.

Aujourd'hui les articles 726 et 912 ont vécu. La loi du 14 juillet 1819 les a supprimés non par un sentiment de philanthropie, mais par calcul. L'article 11 est resté intact.

La loi de 1819 n'abolit pas le droit d'aubaine, déjà renversé par l'Assemblée constituante; et cependant cette loi est intitulée : loi relative à l'abolition du droit d'aubaine. Comment expliquer cette erreur ? Si on n'avait point rétabli le droit d'aubaine, il est pourtant vrai de dire qu'une réaction assez vive s'était produite contre la décision de l'Assemblée constituante et qu'une certaine tendance à reconstituer ces usages féodaux s'était fait sentir. Il faut avouer aussi que les règles, posées par les articles 726 et 912, étaient, à certains égards, plus rigoureuses que les règles de l'ancien droit (1).

Sans doute, au point de vue pratique, les effets de cette réaction avaient été peu sensibles, et le traité de paix conclu en 1814, confirmé par le traité de 1815, avait déclaré (art. 28) :

« Que l'abolition des droits d'aubaine, de détraction et autres de la même nature, dans les pays qui l'avaient stipulée avec la France, ou qui lui avaient été précédemment réunis, serait expressément maintenue. »

Néanmoins, en 1819, on crut abolir le droit d'aubaine, en renouvelant l'arrêt déjà prononcé par l'Assemblée constituante. Voilà d'où vient l'erreur de rédaction.

La loi de 1819, étendue aux colonies par une ordonnance du 21 novembre 1821, rendit les étrangers ca-

---

(1) Rossi, *Encyclopédie du droit,* v° Aubaine.

pables, comme les Français le sont eux-mêmes, de succéder, de disposer, de recevoir en France.

« Les articles 726 et 912 C. civ., dit l'article 1er, sont abrogés : en conséquence, les étrangers auront le droit de succéder, de disposer, de recevoir, de la même manière que les Français, dans toute l'étendue du royaume. »

Grâce à ce texte de loi, la guerre ne peut plus, en ce qui concerne les successions et les testaments, apporter aucun changement à la capacité de l'étranger(1).

L'article 2 contient une restriction à la règle posée par l'article 1er.

« Dans le cas de partage d'une même succession entre des cohéritiers étrangers et français, ceux-ci prélèveront sur les biens situés en France une portion égale à la valeur des biens situés en pays étranger dont ils seraient exclus, à quelque titre que ce soit, en vertu des lois et coutumes locales. »

Le but de cet article est de rétablir entre les successibles l'égalité que pourrait troubler, au profit des successibles étrangers, la loi du pays auquel appartiendraient ces étrangers.

Pour que l'article 2 s'applique, l'inégalité doit provenir d'une loi ou d'une coutume locale. On comprend dès lors que, si l'inégalité en faveur de l'étranger résulte

---

(1) « Le droit d'aubaine pur et simple existait à peine aujourd'hui en Europe, excepté en Angleterre, où l'on vient de l'abroger, et dans les villes anséatiques de Lubeck et de Hambourg. Dans ces villes il est sujet aux traités que pourrait faire la Confédération. » *Commentaire sur les éléments du droit international de Wheaton*, par Beach Lawrence, t. III, p. 83.

d'une disposition du défunt, valable selon la loi française, le prélèvement n'aura pas lieu.

De même, s'il s'agit d'une disposition du défunt en faveur d'un cohéritier français, et que cette disposition, valable selon la loi française, soit annulée par la loi étrangère, le prélèvement ne pourra pas s'exercer. Car, dans cette hypothèse, l'étranger n'obtient rien par préférence et on ne peut point dire qu'il y ait une inégalité à réparer au profit du Français.

L'article 2 ne sera pas non plus applicable dans le cas où l'héritier français, admis par la loi étrangère à succéder, comme l'héritier étranger, ne pourrait faire sortir du pays étranger les biens lui revenant, parce que la loi étrangère prohiberait cette exportation.

Nous croyons encore que l'article 2 doit être laissé de côté, quand la nation à laquelle appartient l'étranger a stipulé, par un traité avec la France, l'abolition du droit d'aubaine. « En règle générale, dit Rossi, les traités, à moins de clause contraire, sont irrévocables ; ils ne peuvent être modifiés ni abrogés par la volonté d'une seule des parties contractantes. Une loi, un acte de souveraineté intérieure ne peut modifier les droits conventionnels que les traités garantissent (1). »

Enfin l'article 2 n'est pas fait pour le cas où tous les cohéritiers sont étrangers.

En est-il de même, quand tous les cohéritiers sont Français? Si l'on s'attachait servilement au texte de l'article 2, on serait tenté de le croire. Mais, en se pénétrant des motifs qui ont dicté cet article au législateur,

---

(1) *Encyclopédie du droit*, v° Aubaine, n° 20.

on est forcé de reconnaître qu'il doit s'appliquer, lorsque tous les cohéritiers sont Français. Le but de la loi
est de maintenir ou de rétablir l'égalité au profit des
Français. Or, l'égalité peut se trouver violée par la loi
étrangère en faveur d'un Français et au détriment des
autres héritiers français. On ne l'a pas voulu. Dans la
séance du 9 juin 1819, le baron Pasquier, rapporteur
de la commission centrale, s'exprimait ainsi :

« Nous appliquerons aux Français et aux étrangers
propriétaires ensemble par droits de succession de
biens situés en France et à l'étranger le principe qui régit le partage entre Français, lorsque ces Français sont
copropriétaires par droit de succession en France et à
l'étranger. Dans ces divers cas, il est fait une masse du
tout et le partage s'opère suivant les lois françaises (1). »

Le prélèvement s'exerce, quelle que soit la nature
des biens. Il suffit de lire attentivement l'article 2 et
de se convaincre des motifs qui l'ont fait naître, du but
qu'il poursuit, pour ne pas hésiter dans la solution de
cette question.

De même les termes larges dont s'est servi le législateur nous portent à penser que le prélèvement doit
s'opérer, quand les héritiers français sont exclus des
biens situés en pays étranger, non-seulement par le droit
d'aubaine, mais encore par toute loi ou coutume locale
relative aux successions et quelle que soit la cause de
l'exclusion totale ou partielle qui frappe le Français.

Enfin le prélèvement aura encore lieu, si les dispositions qu'a faites le défunt, valables d'après la loi étran-

----

(1) Locré, t. X, p. 572.

gère, sont nulles d'après la loi française. « Que l'exclusion provienne du fait seul de la loi, disait le garde des sceaux en 1819, ou qu'elle résulte d'une disposition de l'homme autorisée par cette loi » (1), le prélèvement doit s'exercer.

Toutes ces questions et bien d'autres, relatives aux successions, aux testaments, à toutes les espèces de conventions humaines, ne peuvent souvent se dénouer que devant la justice. A quelle juridiction faut-il alors s'adresser, quand la lutte s'engage entre un Français et un étranger?

La loi force l'étranger à répondre devant les tribunaux de France, toutes les fois qu'il a contracté une obligation avec un Français. De son côté l'étranger a le droit de traduire les Français devant nos tribunaux. Mais, dans ce cas, l'étranger, demandeur principal ou intervenant, doit la caution *judicatum solvi*, qu'il ne fournit pas, s'il est défendeur. Cette différence résulte de ce que la défense est un droit sacré et de ce que l'étranger défendeur n'est pas libre d'agir ou de ne pas agir (2).

En matière commerciale, par faveur, l'étranger demandeur est dispensé de donner caution.

Une autre garantie était accordée aux Français contre les étrangers : je veux parler de la contrainte par corps.

---

(1) Locré, t. **X**, p. 503 et 504.

(2) Les étrangers ne peuvent jouir des immunités que la loi sur l'assistance judiciaire assure aux nationaux. L'assistance judiciaire peut tout au plus être accordée aux étrangers admis à domicile en France. — Voy. *Code de l'assistance judiciaire*, par L. Brière-Valigny, docteur en droit, avocat général près la Cour impériale de Paris (1866), p. 289, 301, 312 et 302.

Les lois du 10 septembre 1807 et du 17 avril 1832 voulaient protéger le Français contre les pertes que pouvait lui faire subir la disparition de l'étranger. Les dispositions de la loi de 1807 avaient été adoucies par la loi de 1832. Le législateur de 1867 fit mieux encore : il supprima la contrainte par corps en matière commerciale, en matière civile et contre les étrangers. (Loi du 22 juillet 1867.)

Cette loi ne passa pas sans de vives discussions. On soutenait que la contrainte par corps est vis-à-vis des étrangers une nécessité de situation, l'étranger non domicilié en France n'offrant le plus souvent d'autres garanties que sa personne.

À ces objections on répondit que les rigueurs, admises et justifiées en 1807, se comprenaient moins facilement en 1867.

« Bien des progrès se sont accomplis depuis la loi de 1807, disait devant le Sénat le rapporteur choisi par la commission chargée d'examiner la loi relative à la contrainte par corps (1). Le commerce a aujourd'hui à sa disposition pour s'éclairer sur la solvabilité ou sur la moralité de l'étranger qui contracte avec lui bien des moyens qui lui manquaient alors. Les voies de transport sont améliorées; la vapeur et le télégraphe suppriment les distances; les informations et les correspondances, qui étaient autrefois presque inconciliables avec la rapidité dont ne peuvent se passer les opérations de commerce, sont devenues simples et faciles, à la portée de tous et abordables à la prévoyance la plus vulgaire.

---

(1) Sénat. Séance du 5 juillet 1807.

« Sans doute la contrainte par corps, exercée surtout dans les formes sommaires qu'elle affectait avec les étrangers, a pu faire rentrer plus d'une créance compromise et assurer quelques payements qui n'eussent pas eu lieu sans elle; personne ne le conteste. Mais il faut voir la question de plus haut et faire ainsi la part de ce qu'une législation plus hospitalière et plus confiante peut créer d'extension et de ressources au commerce et à l'industrie de la France. »

La contrainte par corps succomba.

Si les étrangers peuvent traduire des Français ou être traduits par des Français devant nos tribunaux, deux étrangers, ayant une contestation entre eux, peuvent-ils s'adresser à ces tribunaux ?

De l'article 3 du Code civil, des articles 59 et 420 du Code de procédure civile, résulte la compétence nécessaire et absolue des tribunaux français pour tout conflit entre étrangers relativement à des faits dommageables, à des immeubles situés en France, à des engagements commerciaux.

Mais, en dehors de cette compétence plus ou moins directement prévue par les textes de nos Codes, que doivent faire les tribunaux français? Selon nous, ils sont incompétents. Nous ne voyons pas sur quels fondements sérieux on établirait leur compétence. Le défendeur aura donc le droit de proposer l'incompétence *in limite litis* (1) ; de son côté, le tribunal aura la

---

(1) L'exception du défendeur tomberait s'il s'agissait de mesures conservatoires ou de l'exécution forcée de titres parés (art. 554, *Code de procédure civile*).

8

faculté de se déclarer d'office incompétent. Il est bien certain du reste que, si aucun de ces deux faits ne se produit, l'affaire pourra être jugée.

Dans le cas où l'étranger n'a pu se faire rendre justice en France, supposons qu'il s'adresse aux tribunaux de son pays, qu'il obtienne un jugement et qu'il veuille le faire exécuter en France. Comment atteindra-t-il ce but ?

La pratique et la jurisprudence, sacrifiant un peu les textes à des considérations d'ordre public, admettent que le tribunal français a le droit de reviser le jugement rendu à l'étranger, avant de le déclarer exécutoire en France.

Nous avons constaté que nos lois consacrent formellement ou au contraire supposent certaines facultés et certains droits au profit des étrangers. Il est temps de nous demander d'où naît cette différence. Est-elle due à un hasard de rédaction, ou a-t-elle une base rationnelle ?

Cette distinction est fondée sur la logique.

Les droits de l'homme en société sont de deux sortes : les uns, s'appuyant sur des faits qui tiennent à la nature humaine ou sur des vérités reconnues de tous les peuples, se reproduisent partout, et le pouvoir du législateur se borne à les régler. Nous appelons ces droits : droits naturels ou droits civils généraux.

Les autres, au contraire, que nous nommerons droits civils spéciaux, sont l'œuvre et la création du législateur.

Ainsi le mariage est un droit civil général ; l'adoption, un droit civil spécial. L'histoire des législations prouve l'exactitude de ce que j'avance.

Et pourtant on a combattu cette distinction. Elle sent le moyen âge, a-t-on dit (1). Que m'importe, si elle est l'expression de la vérité? La vérité est de tous les temps; ce qui sentirait bien plus le moyen âge, ce serait d'écarter une vérité parce que le moyen âge l'a aperçue, signalée, analysée.

Les travaux préparatoires du Code civil se réfèrent souvent à cette division des droits. Je me contenterai de rappeler deux textes dont nos adversaires ont habilement extrait quelques phrases pour étayer leur système. J'ai cité plus haut ces documents émondés par leur main adroite. Pour toute réponse, je rétablirai dans leur intégralité ces passages singulièrement raccourcis. On verra s'ils ne semblent pas faits pour justifier l'opinion que nous croyons vraie; on jugera combien il est tout à la fois utile et périlleux de faire des coupures, et on reconnaîtra que ces suppressions volontaires sont un aveu d'impuissance (2).

M. Siméon, dont on invoque l'autorité, disait dans le rapport même où l'on a cru trouver une arme invincible :

« Le droit civil proprement dit est celui de chaque cité ou de chaque nation. Le droit civil général est celui de tous les hommes civilisés (3). »

Et plus loin :

« L'article 9 du projet ne donne les droits civils à l'étranger qu'après un an de résidence. Pendant cette

---

(1) Zachariæ, *le droit civil français* (Massé et Vergé), t. I, p. 77.
(2) Voyez plus haut le passage cité de M. Mourlon.
(3) Locré, t. II, p. 247.

8.

année il ne les a donc pas! Pendant cette année ne
pourra-t-il pas se marier, jouir des effets civils du mariage, ester en jugement? Sera-t-il au milieu de nous
comme un mort civilement? Ce serait absurde, et ce
n'est certainement pas l'esprit du projet; tel qu'il est,
même, on ne peut pas en tirer cette conséquence;
mais, faute d'avoir fait connaître ce qu'on entend par
les effets civils résultant de la loi française, la rédaction
laisse des doutes, présente des obscurités qui ne sauraient être des motifs suffisants de rejet, mais qu'il est à
désirer de voir disparaître, s'il y a lieu à une nouvelle
rédaction(1). »

Ne résulte-t-il pas clairement de ce rapport que
l'étranger doit jouir en France de tous les droits civils
généraux? Les lui refuser serait absurde. Aussi le Code
a-t-il constaté, comme nous l'avons vu, que ces facultés appartiennent aux étrangers, sans croire nécessaire de les leur conférer. Mais M. Siméon ne dit point
que l'étranger jouira des droits civils spéciaux. Il n'a
en vue que les droits civils généraux. « Ne pourra-t-il
pas se marier, ester en jugement? » Voilà le sens du
rapport. Voilà aussi le sens de notre système.

Voyons maintenant si l'avis de M. Grenier est vérita-
blement décisif contre nous :

« Mais, a-t on ajouté, en disant que tout Français jouira
des droits civils résultant de la loi française, ce n'est pas
assez déterminer ces droits; on aurait dû les expliquer.

« Il y a une détermination exacte; et, sans suivre le
rapporteur dans des questions abstraites tenant à des

____

(1) Locré, t. II, p. 248.

définitions, je me bornerai à dire que les droits civils sont ceux qui seront établis successivement dans les recueils de nos lois. Les Français pourront les exercer dans toute leur plénitude. Les étrangers ne seront pas privés de tous, tels que ceux qui, quoique établis par le droit civil ou par la loi française, peuvent prendre leur source dans ce qu'on appelle, dans le domaine de la science, le droit naturel, le droit des gens. Mais ils sont privés de certains. Voilà ce qui établit la nuance entre les Français et les étrangers, entre l'exercice et le non-exercice des droits civils.

« Les droits dont les étrangers sont privés seront marqués successivement dans les titres du Code qui y auront trait. On ne les oubliera certainement pas, lorsqu'il sera question de la faculté de tester, de la capacité de recevoir par testament, de succéder, etc.

« Mais dans un titre où il s'agit seulement de la jouissance et de la privation des droits civils, cette énumération n'était pas nécessaire. Si on y avait parlé de chacun de ces droits, on aurait pu dire que ce détail devait être renvoyé à chacun des titres dont je viens de parler(1). »

En supprimant, comme le font nos adversaires, la première partie de ce texte, en conservant seulement les deux derniers paragraphes, on croit pouvoir ébranler tout notre système; mais rapprochez du commencement cette dernière partie et la lumière se fait. M. Grenier pense et dit que les étrangers jouissent des droits civils généraux et ne jouissent pas des droits

---

(1) Fenet, t. VII, p. 240.

civils spéciaux. Nous no pensons pas, nous no disons pas autre chose.

Résumons-nous :

Les étrangers jouissent en France de tous les droits civils que leur assurent les traités.

Ils jouissent aussi des droits civils que leur donnent les lois françaises et de toutes les conséquences qui découlent logiquement des facultés qui leur sont concédées.

Ces concessions résultent ou d'une disposition législative accordant formellement tel ou tel droit à l'étranger, ou d'une disposition supposant que telle ou telle faculté appartient à l'étranger.

Cette différence, qui peut sembler arbitraire au premier abord, se justifie par la distinction historique et philosophique qui sépare les droits civils spéciaux des droits civils généraux.

Telle est, selon nous, la condition de l'étranger qui passe ou séjourne en France, sans avoir aucun caractère diplomatique lui assurant de précieuses immunités. La doctrine du Code nous semble équitable. Nous avons vu que son horizon n'est pas aussi borné qu'on le croit, et des faits douloureux ont justifié les prudentes sévérités qu'on lui reproche. Du reste l'étranger peut aisément obtenir une situation plus favorable. L'article 13 du Code civil est ainsi conçu :

« L'étranger qui aura été admis, par l'autorisation du gouvernement, à établir son domicile en France, y jouira de tous les droits civils tant qu'il continuera d'y résider. »

Pour avoir en France la jouissance de tous les droits civils, l'étranger doit donc seulement :

1° Demander au gouvernement l'autorisation de fixer son domicile en France;

2° S'établir en France;

3° Continuer à y résider.

Dès lors il jouit de tous les droits civils. Ce serait toutefois une erreur de l'assimiler complétement aux Français. Certaines différences le séparent encore de nous.

Ainsi : 1° il reste étranger; les lois personnelles étrangères règlent son état et sa capacité; cependant, s'il n'a plus de patrie, s'il veut exercer un droit conféré par la loi française et non reconnu par la législation de son pays; si la loi personnelle applicable dans sa patrie est de nature à troubler l'ordre public en France; enfin si la loi personnelle de son pays l'abandonne à nos frontières, dans toutes ces circonstances, l'étranger sera régi par la loi personnelle française;

2° Il ne jouit d'aucun droit politique;

3° Ses enfants restent étrangers, sauf dans le cas où ils usent du bénéfice de l'article 9 C. civ., sauf aussi dans le cas où l'étranger, admis à établir son domicile en France, était lui-même né en France;

4° Il est obligé, pour conserver l'avantage de l'article 13, de résider en France;

5° Tenant son autorisation du gouvernement, il la perd, si le gouvernement la lui retire.

Des moyens par lesquels l'étranger peut devenir Français.

L'étranger peut faire un pas de plus dans la voie qui le rapproche de nous et devenir Français. Certains cas drévus par le Code ou par des lois spéciales, la naturalisation proprement dite et l'annexion d'un territoire à la France, voilà les trois routes qui peuvent l'amener pans la cité française.

De certains cas prévus par le Code civil ou par des lois spéciales.

Autrefois tout individu né sur le sol français était Français. « La seule naissance dans ce royaume, disait Pothier, donne le droit de naturalité, indépendamment de l'origine des père et mère et de leur demeure (1). »

Il n'en est plus ainsi. Je crois même que l'enfant, né sur le sol français de parents sans patrie connue, naîtrait étranger. La France n'est pas un asile ouvert à tous les vagabonds sans nationalité. Du moment où il est certain que les parents ne sont pas Français, l'enfant ne peut pas naître Français. Nous ne parlons pas de l'enfant trouvé. Celui-là, on peut présumer qu'il est Français. Cette présomption doit lui profiter.

Si la naissance en France ne rend pas Français, elle facilite les moyens de devenir Français.

Ainsi l'enfant né d'un étranger sur notre sol pourra, dans l'année qui suivra l'époque de sa majorité, selon la loi étrangère, réclamer la qualité de Français. Pour l'obtenir il doit, s'il est né en France, déclarer son intention d'y fixer son domicile; s'il réside à l'étranger, faire sa soumission de s'établir en France, et s'y établir, à dater de l'acte de soumission.

---

(1) Pothier, éd. Bugnet, t. IX, p. 18.

La réclamation dont parle l'article 9 du Code civil peut être faite à tout âge :

1° Par ceux qui ont servi dans les armées de terre ou de mer;

2° Par ceux qui ont satisfait à la loi du recrutement (1).

La déclaration se fait en France devant la municipalité du domicile du réclamant, ou, à l'étranger, devant les consuls ou agents diplomatiques.

Ces conditions une fois remplies, l'étranger devient Français rétroactivement, à partir du jour de sa naissance. Cela résulte de ce que, dans l'article 20, ne se trouve pas rappelé l'article 9 et du mot *réclamer* employé par cet article 9. Il y a là comme un souvenir de l'ancien droit.

L'article 9 s'applique aux enfants nés en pays étranger d'un étranger naturalisé Français, si ces enfants étaient mineurs au moment de la naturalisation. « A l'égard des enfants nés en France ou à l'étranger, qui étaient majeurs à cette même époque, l'article 9 du Code civil leur est applicable dans l'année qui suivra celle de ladite naturalisation. » La loi du 7 février 1851 l'a décidé ainsi.

Cette loi déclare Français « tout individu né en France d'un étranger qui lui-même y est né, à moins que, dans l'année qui suivra l'époque de sa majorité telle qu'elle est fixée par la loi française, il ne réclame la qualité d'étranger. »

D'après l'article 10 du Code civil, l'enfant né en pays étranger d'un Français qui aurait perdu la qualité de

____

(1) Loi du 2? mars 1849.

Français peut devenir Français, en se conformant aux règles de l'article 9. Mais il n'acquiert la qualité de Français qu'à partir du moment de sa réclamation.

Une disposition plus favorable concerne les descendants des religionnaires fugitifs : ceux-là sont Français de plein droit, s'ils viennent se fixer en France. Les mineurs doivent apporter le consentement de leurs père, mère, aïeul ou aïeule (1).

L'article 10 du Code civil s'applique à l'enfant né d'une Française qui par son mariage perd la nationalité française. L'opinion contraire se heurte aux termes généraux du texte.

Si la femme française, en se mariant à un étranger, devient étrangère, réciproquement l'étrangère qui épouse un Français devient Française, qu'elle soit majeure ou qu'elle soit mineure : *habilis ad nuptias*, *habilis ad nuptiarum consequentias*.

Les questions résolues dans les articles 12 et 19 du Code civil concernant l'ordre public, on ne pourrait pas, par des conventions particulières, modifier ces dispositions. (Art. 6, C. C.)

Naturalisation.

La naturalisation est réglée par des lois spéciales (Const. de l'an VIII. — Sénat.-cons. du 19 février 1808. — Ordonnance du 14 juin 1814. — Loi du 3 décembre 1849. — Loi du 29 juin 1867.)

---

(1) Loi du 15 décembre 1790 non abrogée. — Constitution des 13 et 14 septembre 1791, t. II, art. 2.

Avant la loi de 1867, et même sous l'empire de la loi de 1849, qui résuma et régularisa la législation antérieure (1), on distinguait la grande et la petite naturalisation. La grande naturalisation donnait accès dans les assemblées et résultait d'une loi. La petite naturalisation se subdivisait en naturalisation ordinaire, pour laquelle il fallait un stage de dix années, et naturalisation extraordinaire demandant une seule année de résidence en France.

Depuis la loi de 1867, ou plutôt depuis la constitution du 14 janvier 1852 et le décret du 2 février 1852, la grande naturalisation n'existe plus. Les effets qu'elle produisait sont maintenant le résultat de la petite naturalisation que nous appellerons simplement la naturalisation. La naturalisation ordinaire et la naturalisation extraordinaire ont subsisté avec quelques modifications.

Parlons d'abord de la naturalisation ordinaire.

L'étranger, qui veut se faire naturaliser Français, doit avoir vingt et un ans accomplis;

Obtenir l'autorisation de fixer son domicile en France, conformément à l'article 13 du Code civil;

Résider pendant trois années, et non plus pendant dix ans, en France, à partir du jour où sa demande d'autorisation est enregistrée au ministère de la justice, ou bien exercer, en pays étranger, pendant trois ans, une fonction conférée par le gouvernement français.

Quand les trois ans sont écoulés, après une enquête sur la moralité de l'étranger, un décret rendu sur le

---

(1) Duvergier, t. XLIX, p. 415. — Voyez Demolombe, t. I, p. 182.

rapport du ministre de la justice, le conseil d'État entendu, intervient et admet l'étranger à jouir de tous les droits qui appartiennent au citoyen français.

L'étranger naturalisé devient Français. On comprend dès lors pourquoi la naturalisation est personnelle et pourquoi elle ne se présume jamais.

La naturalisation est personnelle, parce que la nationalité est un bien essentiellement personnel, sur lequel un mari ou un père n'a aucun droit. Pour reconnaître au père ou au mari ce pouvoir exorbitant, il faudrait une disposition législative formelle. Or, cette disposition n'existe nulle part. Bien plus, le texte même des articles 12 et 19 prouve que la femme suit la condition qu'a son mari au moment du mariage et non pas celle qu'il pourrait avoir un jour. Quant aux enfants mineurs, l'article 2 de la loi du 7 février 1851 montre qu'aux yeux du législateur la nationalité de l'enfant mineur ne dépend point de la volonté paternelle.

J'ai dit aussi que la naturalisation ne se présume pas. La France a un grand attrait pour les étrangers. Beaucoup s'y fixent, sans accomplir aucune des formalités requises pour la naturalisation. Après un certain temps il devient parfois très-difficile de savoir à quelle nation ils appartiennent. Ils ont pris les mœurs, les habitudes, les manières des Français. Quelle doit être la condition de ces individus, de ces familles d'origine étrangère, qui se soucient aussi peu d'avoir une patrie? Ils sont étrangers et doivent être traités comme les simples étrangers. Ils n'ont rien fait de ce qui est ordonné à ceux qui ambitionnent la qualité de Français. Je m'étonne qu'on ait voulu créer pour eux une condition mixte entre la condition des Français et celle des étrangers et surtout qu'on ait tenté de les assimiler aux Français, en soutenant qu'ils avaient acquis la nationalité française par une possession d'état prolongée. A quoi servent alors toutes les règles, toutes les formalités que nous trouvons dans le Code ou dans les lois relatives à la naturalisation? Cette possession d'état non prévue, sur l'inutilité de laquelle on verse des larmes, me semble une sorte de fraude, un moyen déshonnête de s'installer dans un pays sans faire connaître qui l'on est. Ceux qui agissent ainsi ont ou un intérêt considérable à se dissimuler ou une bien coupable indifférence; et une nation comme la France ne désire point de semblables citoyens.

A côté de la naturalisation ordinaire et produisant plus rapidement les mêmes effets se place la naturalisation extraordinaire. On distingue trois espèces de naturalisation exceptionnelle.

L'étranger qui rend à la France des services importants, qui introduit en France soit une industrie, soit des inventions utiles, qui y apporte des talents distingués, qui y forme de grands établissements ou de grandes exploitations agricoles, peut devenir Français après une année de résidence en France. Le stage se trouve, dans ces divers cas, réduit de trois ans à une année seulement (1).

Pour favoriser la colonisation de l'Algérie, on a organisé une naturalisation spéciale.

Deux ans avant la loi de 1867, un sénatus-consulte

____

(1) Loi de 1867, art. 2.

du 14 juillet 1865 (1) diminua de sept ans la durée du stage au profit de l'étranger résidant en Algérie; trois années au lieu de dix furent jugées suffisantes. Plus libéral même que la loi de 1867, ce sénatus-consulte dispensa l'étranger de demander l'autorisation d'établir son domicile sur le territoire français. Cette faveur a été maintenue par un décret du 24 octobre 1870 (2).

Quant aux indigènes, le sénatus-consulte de 1865 décidait que l'indigène musulman et l'indigène israélite sont Français; que néanmoins ils continueraient à être régis, le premier par la loi musulmane, le second par son statut personnel. L'un et l'autre pouvaient être appelés à servir dans les armées de terre ou de mer, à remplir des fonctions et emplois civils en Algérie, et, sur leur demande, être admis, s'ils étaient âgés de vingt et un ans accomplis, à jouir des droits de citoyens français. Dans ce cas ils sont régis par la loi française.

Conformément aux promesses faites par l'article 5 du sénatus-consulte de 1865, le 21 avril 1866, un décret portant règlement d'administration publique organisa l'admission, le service et l'avancement des indigènes dans les armées de terre ou de mer, énuméra les fonctions et emplois civils auxquels ils pourraient prétendre et indiqua les formalités que devaient suivre les indigènes musulmans ou israélites pour obtenir les droits de citoyens français (3).

---

(1) Duvergier, t. LXV, p. 405.
(2) *Ibid.*, t. LXX, p. 421.
(3) *Ibid.*, t. LXVI, p. 102.

Deux décrets du 24 octobre 1870 ont distingué les israélites des musulmans (1).

L'un de ces décrets, abolissant toute disposition législative, tout sénatus-consulte, décret, règlement ou ordonnance contraire, a déclaré citoyens français les indigènes israélites des départements de l'Algérie, et a décidé qu'en conséquence leur statut réel et leur statut personnel seraient désormais réglés par la loi française.

L'autre décret, daté du même jour, supprimant dans le décret du 21 avril 1866 tout ce qui concernait les israélites, a abrogé, confirmé ou modifié les dispositions du sénatus-consulte de 1865 et du décret de 1866 relatives aux musulmans.

L'indigène musulman, qui veut obtenir la qualité de citoyen français, doit, au moyen d'un acte de naissance ou d'un acte de notoriété (2), prouver qu'il a vingt et un ans accomplis ; il doit de plus se présenter en personne devant le chef du bureau arabe de la circonscription dans laquelle il habite pour former sa demande et pour déclarer qu'il entend être régi par les lois civiles et politiques de la France.

Le gouverneur général civil prononce sur les demandes en naturalisation, après avoir pris l'avis du comité consultatif (3).

Les temps de guerre donnent naissance à une troisième espèce de naturalisation extraordinaire. Nous

---

(1) Duvergier, t. LXX, p. 421.

(2) L'acte de notoriété doit être dressé sur l'attestation de quatre témoins par le juge de paix ou cadi du chef-lieu de la résidence.

(3) Décret, 24 octobre 1870, art. 3. — Décret relatif à l'organisation politique de l'Algérie, 24 octobre 1870, art. 5-13.

n'avons pas à chercher de lointains exemples. Un décret du 26 octobre 1870 a décidé que le stage d'un an, exigé par l'article 2 de la loi du 3 décembre 1849, modifié par la loi du 27 juin 1867, ne serait pas imposé aux étrangers qui prendraient part à la guerre (1) pour la défense de la France.

Il suffit alors que l'étranger ait obtenu l'admission à domicile et que l'enquête prescrite par la loi ne lui soit point défavorable.

Du reste, ces dispositions exceptionnelles, nées pendant la guerre, ont un caractère temporaire. L'article 3 du décret de 1870 déclarait qu'elles ne seraient applicables qu'aux demandes formées avant l'expiration des deux mois qui suivraient la cessation de la guerre.

Annexion.

Jusqu'ici nous avons vu comment on obtient la qualité de Français : on devient aussi Français, sans faire aucune démarche, par le simple effet de l'annexion à la France d'un territoire étranger.

« Il est certain, disait Pothier, que, lorsqu'une province est réunie à la couronne, ses habitants doivent être considérés comme Français naturels, soit qu'ils y soient nés avant ou après la réunion (2). »

On laisse ordinairement aux habitants le droit de conserver leur ancienne nationalité; ainsi c'est plutôt le sol qui est naturalisé.

---

(1) Décret, 19 novembre 1870.
(2) Pothier, éd. Bugnet, t. IX, p. 18.

L'annexion résulte ou d'une négociation ou d'une conquête.

Les Savoisiens sont devenus Français par suite d'une convention, sans avoir été en lutte avec nous.

« Ce n'est ni par la conquête ni par l'insurrection que la Savoie et Nice seront réunies à la France, mais par le libre consentement du souverain légitime appuyé de l'adhésion populaire, disait aux députés savoisiens le prince dont la politique généreuse et préoccupée des grands intérêts de l'humanité conduisit jusqu'à son parfait accomplissement cette œuvre pacifique. Aussi, ajoutait-il, tout ce qui en Europe ne cède pas à un esprit d'antagonisme d'une autre époque regarde comme naturelle et équitable cette adjonction de territoire (1). »

Par un traité conclu le 14 mars 1860, le roi de Sardaigne avait cédé à la France la Savoie et l'arrondissement de Nice.

Les sujets sardes, originaires de ces pays ou domiciliés dans ces provinces lors du traité « qui entendaient conserver la nationalité sarde, jouissaient, pendant l'espace d'un an à partir de l'échange des ratifications et moyennant une déclaration préalable faite à l'autorité compétente, de la faculté de transporter leur domicile en Italie et de s'y fixer ; auquel cas, la qualité de citoyen sarde leur était maintenue. Ils étaient libres de conserver leurs immeubles situés sur les territoires réunis à la France (2). »

---

(1) *Moniteur universel* du 22 mars 1860.
(2) Décret du 11 juin 1860. — Sénatus consulte du 12 juin 1800. —Duvergier, t. LX, p. 191-222.

Voilà les seules annexions que devrait reconnaître et sanctionner le droit moderne.

L'annexion par la conquête est un douloureux moyen de changer la nationalité des peuples (1). Le commencement de ce siècle a vu des guerres glorieuses dont le résultat fut la réunion momentanée à la France de nombreuses contrées. Il suffit de se rappeler quelle était, en 1810, l'étendue de la France ou plutôt de ce vaste empire divisé en cent trente départements, limité, au nord, par l'Ems, la mer du Nord, la Baltique; à l'est, par l'Elbe, le Weser, le Rhin, les Alpes, le Pô, la mer Adriatique; au sud, par les Apennins, le Garigliano, la mer Méditerranée, les Pyrénées ; à l'ouest, par l'océan Atlantique. Je n'expliquerai pas comment la France fut refoulée dans ses anciennes limites, semblable à un fleuve qui rentre dans son lit, après avoir renversé ses digues et étendu au loin ses eaux triomphantes.

Plus récemment une conquête lente et successive nous assura la possession de l'Algérie.

Plus récemment encore des faits du même genre se sont produits dans un sens tout contraire. L'annexion arrachait de nos bras deux provinces que nous pleurons. Nous ne parlerons pas de ces tristesses. Remarquons seulement que le traité de paix, signé à Francfort le 10 mai 1871, et la convention additionnelle du 11 décembre ont réservé aux habitants nés dans les territoires cédés la faculté d'opter pour la nationalité française.

---

(1) L'annexion violente peut résulter soit d'une prise de possession, soit d'un traité. Elle date, dans le premier cas, du jour de la prise de possession; dans le second cas, du jour du traité.

L'annexion peut cesser ou par une convention ou par une guerre. Les peuples annexés retrouvent alors leur ancienne patrie. « Si une province, dit Pufendorf, vient à être reconquise par le peuple du corps duquel elle avait été détachée ou par quelqu'un de ses alliés, elle sera réunie à son ancien corps et elle rentrera pleinement dans tous ses droits (1). »

Je m'arrête sur cette consolante pensée.

« De toutes les passions, disait Bossuet, la plus charmante, c'est l'espérance. C'est elle qui nous entretient et qui nous nourrit, qui adoucit toutes les amertumes de la vie ; et souvent nous quitterions des biens effectifs plutôt que de renoncer à nos espérances (2). »

(1) Pufendorf, *Le droit de la nature et des gens*, liv. VIII, ch. vi, t. II, p. 574, éd. 1750.
(2) Bossuet, *Panégyrique de saint Bernard*, prêché à Metz, le 20 août 1655.

TABLE DES MATIÈRES.

CHAPITRE VI.

CHAPITRE VII.

PARIS. TYPOGRAPHIE DE E. PLON ET Cⁱᵉ RUE GARANCIÈRE , 8.